ESCRITOS DE DERECHO CONSTITUCIONAL

ESCRITOS DE DERECHO CONSTITUCIONAL

Antonio Rovira
Catedrático de Derecho Constitucional. UAM

CENTRO DE ESTUDIOS POLÍTICOS Y CONSTITUCIONALES
Madrid, 2019

Catálogo general de publicaciones oficiales
http://publicacionesoficiales.boe.es/

NIPO: 044-19-001-1
ISBN: 978-84-259-1791-2
Depósito legal: M-4530-2019

Maquetación e impresión: Servicios Gráficos Kenaf, S.L.
Tel.: 91 380 64 71
info@kenafsl.com

Impreso en España - *Printed in Spain*

Per a Marco Rovira i els altres nets i netes que vinguin.
Amb tot l'amor i suport anticipat del seu avi.

ÍNDICE

PREFACIO

Y AHORA, ¿QUÉ?

Abre los ojos y mira a tu alrededor ¿Qué ves? lo primero no es la puerta, ni la ventana, ni los edificios o las montañas, lo primero que ves es a ti mismo y después, junto a ti, a los demás.

¿Qué soy?

Sin duda una mezcla de azar y necesidad, un pequeñísimo accidente. No hay una mano divina, no existe un determinismo, una voluntad, un programa. Fue el azar el que eligió un determinado ADN entre millones de posibilidades y combinaciones, como también fue el azar el que eligió el «gen cultural» que permitió la evolución de nuestra especie, del cerebro, de nuestra materia gris, de esa capa superficial que contiene las neuronas que fabrican la razón, el juicio, la palabra y con ella la facultad de perfeccionarnos.

Así de sencillo, Marco. La evolución es la evolución del cerebro y la evolución siempre se produce por necesidad, porque cuando no se necesita una cosa se debilita, se deteriora y desaparece. El instinto lo es todo para los animales, pero nosotros los humanos, para sobrevivir, necesitamos decidir, necesitamos interpretar el mundo y controlarlo para enfrentarnos a una naturaleza frente a la que somos muy poco competitivos. No hay más remedio, no busques atajos, para vivir libre-mente tendrás que decidir, tendrás que elegir, equivocarte y rectificar.

¿Qué me espera?

La vida te empuja. Confía en el poder de la voluntad porque hacer y rehacer es aprender y elige con serenidad y fortaleza tu máscara. Aguanta la presión, arriésgate, nunca te rindas y elige con cuidado porque la máscara nos trasforma y hará el baile por ti, ya que los demás te toman por lo que haces y pareces. La mascará imprimirá tu carácter. Yo elegí la de profesor y nada me produce mayor satisfacción. Elegí un buen camino, lo sé, pero ante las dificultades dudé muchas veces y ahora no la cambiaría por nada.

Respétate y admírate a ti mismo porque por suerte, hasta ahora, la inteligencia y la tontería están muy repartidas en este mundo y no hay nadie absolutamente mejor ni peor que cada uno. No vivas cada instante como si fuera el último y piensa que tu principal enemigo es el escepticismo, el conformismo, es decir, la creencia de que no hay remedio, que no se puede cambiar nada, porque los hay, aunque parciales y temporales. Todo se construye a trozos.

En algún momento te sentirás perdido y pensarás que el mundo es injusto pero ¿qué significa eso? Una proposición es falsa cuando es engañosa y una ley es injusta cuando ofende al sentido común. Pero el mundo, el mundo no quiere nada, no tiene voluntad, no es favorable ni hostil; la nieve tiene el mismo color de siempre y la uva madura cada año en agosto. El mundo es lo que es, nosotros somos los diferentes, solo nosotros tenemos la voluntad para actuar, responder y avanzar. Sin duda el pasado, para la mayoría, no fue mejor. Pero el hecho de haber mejorado no elimina la necesidad de mejorar, de arreglar los desperfectos, enfrentarse a las amenazas y combatir los excesos.

Yo ya creo en muy pocas cosas, pero cada día creo más en mis derechos y libertades. Por eso, con lenguaje sencillo, dejándome llevar por el momento, sin una estructura clara y ordenada corrijo estos escritos antiguos y los publico de nuevo. Un conjunto de trabajos que tratan de problemas jurídicos reales, incluso me atrevería a decir básicos, pero útiles para descubrir la complejidad y comprender los desafíos a los que nos enfrentamos. Es un libro cómodo, se puede coger un escrito y después otro sin seguir el orden impuesto en el índice porque todos tratan de lo mismo, de la necesidad de actuar, de decidir, de hacer porque si los derechos no avanzan desaparecen.

En fin, te ha tocado vivir un mundo maravilloso, mira el cielo azul encima de nuestra montaña, el mar inmenso y el sol que brilla por todas partes ¿puede haber otro mejor? La vida es hermosa, Marco, pero nos encontramos en un proceso profundo de cambio y por tanto de mucha debilidad, qué le vamos a hacer. Y en momentos así hay que ponerse en guardia ante las dificultades porque se termina el *progreso* y sólo queda el por-venir, lo que va a venir, y el por-venir depende de cada uno y uno es lo que sabe y lo que hace, porque es necesario saber pero más necesario es saber-hacer. No podemos volver atrás.

¡Ah! y no pierdas nunca el sentido del humor.

Madrid, 17 de noviembre de 2018

HUMANOS, DEMASIADO HUMANOS[1]

Los Derechos Humanos (suponiendo que algún derecho no lo sea) no han caído del cielo ni se han dado todos de una vez, más bien son fruto de conquistas parciales logradas siempre cuesta arriba, frente a la pendiente.

Nacen al inicio de la Edad Moderna y se convierten en uno de los indicadores principales del progreso histórico y núcleo de legitimidad de los sistemas democráticos. Derechos y exigencias que, desde su formación inicial como instrumento para limitar el poder absoluto, siguen un proceso que permanece abierto de perfeccionamiento de su contenido y necesariamente también de las instituciones y técnicas que posibilitan su realización efectiva, lo que conocemos con el término «garantías». El pasado, para la mayoría, no fue mejor. Qué duda cabe de que se ha avanzado, pero el hecho de haber mejorado no elimina la necesidad de mejorar, de continuar interviniendo para arreglar los desperfectos y deficiencias.

[1] Primera publicación: *Revista de las Cortes Generales*. Tercer cuatrimestre de 1998, pp. 235-247. Se recoge asimismo en la web del Máster en Gobernanza y Derechos Humanos, del que soy director.

Es reconocido por todos que la economía mundial está creciendo a pasos espectaculares pero desordenados, desiguales e injustos, de tal forma que en las últimas décadas una parte de la humanidad ha mejorado su nivel de vida, pero otra ha empeorado y cientos de millones de personas viven en la más absoluta pobreza. Añadamos a esto las consecuencias humanas de las nuevas guerras que proliferan en el mundo y es fácil imaginar la altura y dificultad de los obstáculos que tenemos que superar aunque sea lentamente y con esfuerzos, grandes cuestas que están reclamando urgentemente nuevos vehículos para salvarlas.

Uno de estos peligros, no sé si el mayor, es la trivialización de los Derechos Humanos, es decir, el uso abusivo de éstos para legitimar las peores opciones políticas.

Al fracasar los sistemas totalitarios la democracia ha adquirido una popularidad más o menos universal. ¡De pronto parece que todo el mundo ha descubierto el Estado de Derecho! La pasión por los gobiernos democráticos y la defensa escandalosa de los Derechos más fundamentales. ¿Quién se atreve a declararse anti-demócrata? Pero ello no es nada tranquilizador porque los mayores dictadores se han convertido en sus máximos retóricos defensores.

Y ante esta generalización de la democracia los Derechos corren el riesgo de banalizarse. La realidad se disfraza, ya no hay a un lado los defensores de los Derechos Fundamentales y al otro los dictadores legitimados por la fuerza de las armas. Se está perdiendo claridad y se acentúa la inseguridad ¿Quién es quién? Están cayendo los antiguos ídolos y los Derechos (humanos, demasiado humanos) se proclaman a menudo y se defienden troceados, se infringen unos y se olvidan otros. Se discute si son sociales o individuales, si son de primera, de segunda o tercera generación, se discute mucho sobre su teoría y se trabaja poco en favor de su realización, defendiéndolos muchas veces y en muchos lugares de manera compatible con cualquier forma de explotación.

Estos Derechos poseen también una esencial dimensión retórica necesaria para divulgarlos y justificarlos, en definitiva, para lograr su aceptación social. Pero esta dimensión ideológica no puede anular, condicionar o disimular su significado práctico y positivo. Así la trivialización de los Derechos Humanos se produce cuando se da un exceso de retórica sentimental que anula su naturaleza racional, práctica, positiva, jurídica, transformándolos en principios morales, máximas o consignas, catálogos o mandamientos sin poder de vinculación, con una efectividad exclusivamente ideológica en manos de aquellos a los que la democracia siempre ha combatido; quienes usan estos Derechos como instrumento para conquistar el poder, alejándolos de su finalidad esencial, el respeto y realización de los Derechos a la autonomía personal y a la libertad. Ello es una impostura terrible, puesto que así el papel de los Derechos Humanos cambia y se convierte entonces en un sistema que ayuda a perpetuar las relaciones de subordinación y los abusos, proclamando que éstos han sido abolidos. Se transforman así las declaraciones de Derechos en una ideología falaz y sofisticada, en una vacuidad verbal que justifica el pillaje con amorosas palabras. A ese proceso de banalización, de desfiguración, de falseamiento, es a lo que vamos a tener que enfrentarnos seriamente. Tenemos que esforzarnos en desenmascarar y denunciar aquellos sistemas aparentemente democráticos que usan las libertades públicas como un disfraz para ocultar lo inaceptable.

Ciertamente durante los años 80 y 90 hubo movimientos en todo el mundo para sustituir los gobiernos autoritarios o los regímenes de partido único por sistemas pluralistas. En África, en Asia, en América Latina, en Europa oriental se avanzó mucho y se logró introducir regímenes constitucionales después de transiciones más o menos pacíficas y elecciones democráticas. Pero en muchos de ellos las leyes electorales son formales y siguen favoreciendo a una permanente oligarquía. En muchos de estos Estados el grupo dominante sigue acaparando el control democrático, monopolizando el acceso a los medios y fondos y ello afecta de una forma definitiva a uno de los pilares esenciales de la democracia, cual es la «alternancia». Otros inician reformas para perpetuarse en el poder o gobiernan en colaboración con grupos armados que imponen el terror legal.

Podemos decir que en algunos de los países a los que me estoy refiriendo está surgiendo una nueva forma de autoritarismo, el autoritarismo electoral que utiliza las elecciones sólo como disfraz para ocultar incluso el genocidio. Con fuerzas descontroladas, ejércitos mercenarios, mafias económicas y criminales y especuladores financieros que usan la democracia como instrumento para realizar más eficazmente sus fechorías, que abusan de la libertad para perpetuar sus crímenes. En muchos casos son democracias subvencionadas por aquellos que abusan de ellas. Se mantienen unas formas democráticas con la única finalidad de persuadir al mercado de las necesidades y lograr subvenciones y ayudas humanitarias, ayudas que en algunas ocasiones sólo refuerzan el poder de las oligarquías y acentúan y profundizan las distancias sociales y la exclusión.

Ante esta instrumentalización de los Derechos y del Estado democrático, la legitimidad electiva de origen, la autoridad, la competencia ya no son suficientes para justificar la actuación del poder político o para calificar a un Estado como democrático. Hay que exigir el cumplimiento de otros mínimos requisitos y estándares. Es imprescindible exigir también la legitimidad de ejercicio, legitimidad que exige dar razón de cada una de las actuaciones y no sólo razones jurídicas o de oportunidad. Es necesario que los gobiernos se justifiquen ante los ciudadanos y ante la comunidad internacional, demostrando que van en el buen camino, respondiendo a sus objeciones y reclamaciones y demostrando que sus instituciones y actuaciones son objetivas, razonables y no arbitrarias, caprichosas o incluso criminales; que son, en definitiva, democráticas.

Ya no es suficiente un parlamento y elecciones para calificar al poder político como democrático. La democracia debe explicar y justificar cada una de sus actuaciones como la mejor. Debe apoyarse en la idea de ciudadanía y no amparar sus decisiones en un lenguaje artificialmente complejo y oscuro, diciendo las cosas de esa manera, frecuente en el mundo jurídico, lleno de oscuridades y pretensiones que esconden mercancías de poco valor, superando el espíritu de pesadez y la falta de imaginación, preocupándose más por los que quieren saber que por los que saben.

Debemos alegrarnos, por tanto, de la atención y publicidad que tiene hoy la política. La globalización de las noticias (a pesar del riesgo de deformación) permite el conocimiento, la valoración y la crítica de las decisiones de los gobernantes de cualquier Estado, dificultando la impunidad y fomentando la necesidad de que estas decisiones estén cada vez más justificadas, más explicadas para evitar la reacción del público, incluso la reacción internacional frente a la decisión equivocada, injusta o arbitraria. Atención que demuestra las grandes esperanzas depositadas en el futuro, pero también que ya no puede atribuirse únicamente a los políticos y a los Estados la valoración de su trabajo, que hay que sustituir la fe en la autoridad y en la soberanía por la exigencia de que el poder demuestre en cada una de sus actuaciones ante la ciudadanía y la comunidad internacional su corrección y justicia.

En fin, que el poder democrático necesita elecciones pero también transparencia, participación y justificación. Es necesario que el poder político sea justo y lo haga bien, pero también es necesario que se vea que lo es y cómo lo hace, sin retóricas triviales o vulgares que sólo buscan mover el sentimiento y ocultar la verdad. Así se combate la simulación y trivialización que permite que los Derechos Fundamentales sean compatibles con cualquier forma de servidumbre. Como demócratas debemos denunciar a las termitas de los viejos regímenes que adaptan sus normas, sus palabras y sus nomenclaturas para explotar en su particular provecho y beneficio los hallazgos de libertad, igualdad y fraternidad.

Otro desafío es el fanatismo integrista. Todo cambio tiende a ser dialéctico y el movimiento en una dirección provoca el contrario. Así la globalización provoca como reacción el auge del localismo fundamentalista, que es la exacerbación de un sentimiento colectivo gregario, sea de raza, de clase o de religión, incluso el fanatismo de los buenos sentimientos: «tengo tan buenos sentimientos que mato por ellos». El fundamentalismo consiste en grupos sumisos al mandato carismático del jefe entre los que es más fácil encontrar hombres dispuestos a morir que a vivir dignamente en libertad.

Este es otro de los retos a superar. El integrismo ha entrado en el siglo XXI como un virus muy contagioso que es capaz de traspasar todos los límites. Los antiguos vocablos asesinato, masacre, genocidio, no sirven para calificar los horrores de los fundamentalistas actuales y futuros. Los crímenes del fanatismo actual, su frialdad, su constancia, su falta de objetivos son inéditos, no logran sus victorias en el campo de batalla, ejército frente a ejército, sus tropas operan sobre niños y adultos indefensos. Los civiles ya no son, como en las guerras tradicionales, las víctimas accidentales sino que se convierten en los objetivos principales. Las mujeres y los niños son los primeros en morir o sufrir. Los atentados impactan por su intensidad, no por su cantidad.

El fundamentalismo hace alarde de los crímenes, es un artesano del terror. Antes el criminal intentaba esconderse, disimular y negar, el fundamentalista presume de la crueldad, del sufrimiento, porque la finalidad de sus crímenes es el impacto. Y ¿cómo podemos combatir estos santuarios localistas? Pues actuando contra la nomenclatura fundamentalista, pero también ayudando y educando a las gentes en los valores de tolerancia, ayudándoles a superar el miedo a la libertad porque el fanatismo crece con la exclusión, con el aislamiento, con las desigualdades y la ignorancia. Por eso hay que intentar abrir las sociedades gobernadas por fanáticos de la pureza para denunciar y superar esta tendencia hacia lo gregario y excluyente.

¡Tolerancia! gritamos. Una palabra que también se nos está escapando de las manos, se está banalizando y corre el riesgo de convertirse en un término vacío. No se puede tolerar la guerra, la injusticia o el crimen. Tolerar no consiste en ponen la otra mejilla. No es resignación, ni caridad, ni implica debilidad, transigir o callar, ni tiene nada que ver con el acto de generosa condescendencia de quienes creen estar en posesión de la verdad, ni con la actitud tradicional y prepotente del perdonavidas, ni con los integristas que asumen el papel de salvadores para liberar a toda costa al hombre, la nación o al Estado del mal y del pecado, aunque toleren en ocasiones algunas impurezas y deslices. La tolerancia no pertenece al orden moral, al contrario, es un instrumento de lucha contra el arraigo profundo que todavía conservan los fanatismos, integrismos, fervores y pasiones colectivas o individuales. También de los movimientos espirituales de las sectas que encuentran placer en el sacrificio. Los héroes y los mártires en el fondo son lo mismo, los dos creen groseramente que con el sacrificio y la sangre puede demostrarse una verdad.

Tolerar es respetar los Derechos del otro, no sus tonterías. Es una forma de vivir y de concebir la vida. Es un talante, una forma de ver y tratar como propio lo diferente y al diferente y un principio necesario para garantizar la convivencia pacífica con aquéllo que no nos gusta, porque lo que gusta no necesita ser tolerado. La tolerancia no es buena ni mala, ni verdadera ni falsa, es simplemente necesaria para nosotros mismos. Si somos tolerantes es porque buscamos lo más conveniente para nosotros mismos, no porque debamos serlo en favor de no sé qué principio trascendental (Fernando Savater).

La tolerancia pertenece, por tanto, al orden social y político, es necesaria para defender los derechos de cada uno, sea quien sea y esté donde esté, y para afrontar los cambios que nos rodean, con fronteras y culturas cada vez más cercanas, dúctiles y porosas que hacen la diferencia entre lo interior y exterior casuística. Pues bien, estos cambios requieren y requerirán aún más en el futuro nuevas actitudes para superar, por ejemplo, la tendencia de muchos a defender con uñas y dientes su cómoda fortaleza frente a los mendigos, inmigrantes, refugiados o asilados pobres, ya que los ricos no suelen tener estos problemas legales o sociales.

La tolerancia se basa así en la igualdad de Derechos, en la idea de que la inteligencia y la tontería están muy repartidas en este mundo y que este reparto no depende del lugar, el color o el dinero y en la idea de que toda teoría, experimento u opinión, por muy acertada que sea, tan sólo supone una aproximación. No cree en el hombre puro, prefiere el mestizaje como prefiere el diálogo, pero no el diálogo pedagógico que te dice lo que tienes que hacer, sino crítico en defensa de la libertad de cada uno a ser, pensar y vivir como quiera, con respeto a los demás, sin segregar, marginar o dar tormento al otro porque sea diferente, viva diferente u opine diferente. En fin, que la tolerancia exige reflexionar con cierta dosis de paciencia y curiosidad antes de condenar la diferencia que perturba la tranquilidad de nuestra «madriguera».

Otra dificultad o problema al que se enfrentan los Derechos Humanos es el envejecimiento de las estructuras de garantía. Como es sabido y repetido, no es suficiente con declarar los Derechos para asegurar su protección. Es necesaria la intervención del Estado y de organismos internacionales para remover los obstáculos que dificultan su realización. Es necesario añadir a las Declaraciones un amplio abanico de técnicas e instituciones que tutelen su efectividad. Garantías que son básicamente de dos clases, unas generales y otras más específicas, que consisten en instrumentos jurídicos e institucionales encaminados a proteger al ciudadano frente a un mundo cada vez más complejo.

Como garantías generales se suelen citar, entre otras, las condiciones políticas que coinciden con los elementos propios del Estado de Derecho, como el imperio de la Ley, el pluralismo político o la división de poderes. Pero más de dos siglos después de que surgiera el Estado de Derecho, las sociedades albergan desconfianzas ante el funcionamiento de estas garantías porque no cumple de modo satisfactorio con su función. Las causas de este sentimiento real son muchas y muy complejas, pero en gran medida es debido a la globalización, que pone en evidencia la insuficiencia de los mecanismos tradicionales de garantía de los Derechos Fundamentales, produciéndose una sensación de malestar, de una desconfianza que, salvo para una minoría, no se basa verdaderamente en un conocimiento racional de las causas, sino más bien en una impresión y un rechazo.

Mientras nuestras comunicaciones, mercados y sociedades están mudando segundo a segundo, el Estado democrático como estructura de garantía está envejeciendo, lenta, incapaz de salvar ágilmente la pendiente. Existe un gran cansancio, una apatía, falta de entusiasmo, una sensación parecida a la resignación del que sube una montaña con un coche viejo y gastado. Hace falta algo que sacuda, que nos dé nueva vida, necesitamos nuevas ideas y nuevas instituciones de garantía. Pero no sabemos todavía cuáles son, no tenemos un libro de instrucciones que nos enseñe a manejar el futuro. Sólo intuimos que no emergerá de una filosofía total y universal, sino como respuesta a un elemental y cambiante inventario de necesidades sociales. Lo que sí sabemos es que diariamente los controles de los Estados-nación están siendo superados por los flujos globales, humillados, por eso resulta necesario, incluso urgente, redefinir y reforzar el papel del Estado creando nuevas estructuras de garantía globales. Los Estados no están a la altura de las circunstancias. ¿De qué sirven los controles aduaneros o la lentitud de los gobierno ante la rapidez y facilidad para blanquear los capitales ilegales, incluso criminales?

Los más grandes dirigentes del mundo saben hoy que se han roto hace mucho las reglas del juego, que se están superando diariamente las estructuras porque el mundo se modifica y la democracia no lo está haciendo a la misma velocidad y el crimen organizado, la economía sumergida y la corrupción pueden crecer en proporción directa a la atrofia de los sistemas políticos. Qué duda cabe de que el futuro siempre se ve desconcertante y amenazador y que la democracia siempre ha tenido dificultades, siempre ha tenido cuestas que superar. Pero hoy debe cambiar minuto a minuto, debe renovarse tecnológicamente, debe de adecuar sus estructuras a las necesidades internacionales, universales, del momento, debe convertirse en cierta manera en «ciber-democracia», porque su futuro está en el uso de la tecnología en beneficio de la libertad, la igualdad social, la seguridad y autonomía del ciudadano. Para ello es necesario lograr gobiernos dinámicos, eficientes y efectivos, internacionales, estatales, regionales y locales que permitan y garanticen y ordenen la circulación de personas y la realización de los derechos, evitando la exclusión y las sacudidas financieras que, en semanas, pueden hundir mercados y con ellos los Derechos económicos, sociales y culturales de las gentes.

Así es, todo cambio parte siempre de una crisis y en este momento la crisis es del Estado-nación. Los Estados pierden soberanía y, al mismo tiempo, para cimentar su legitimidad interior, han de hacer una política de descentralización. Así ganan legitimidad pero se vacían, en lo grande por las organizaciones multinacionales y en lo pequeño por la descentralización. Todo ello nos conduce a un futuro con unos sistemas de autoridad más descentralizados y más flexibles, superando el todo uniforme para lograr ciudadanos libres unidos a grupos solidarios. Vamos a unos tiempos que necesariamente serán híbridos y no puros, basados en el compromiso. Curvos, distorsionados y no falsamente rectos.

Por ejemplo, la democracia está clamando y reclamando la instauración de un sistema mundial de protección de los Derechos Humanos fundamentado en un sentido de responsabilidad universal, que sirva para combatir eficazmente las impunidades amparadas por el principio de no intervención y protegidas por las fronteras de los Estados. Es necesario un Tribunal Penal Internacional con competencias para aplicar un Derecho escrito a nivel internacional y juzgar los genocidios, los crímenes contra la humanidad, las grandes violaciones de las leyes, condenando y encarcelando a los dirigentes culpables. ¿Cómo no? Al globalizarse los Derechos deben también globalizarse las garantías, internacionalizar la defensa del Estado de Derecho.

En este sentido, el Tribunal Penal Internacional tiene una importancia mayor de lo que la mayoría supone. Se trata de conseguir que la humanidad tenga por fin una instancia jurídica democrática e internacional eficaz contra la impunidad, que refuerce el sistema de protección de los Derechos Fundamentales, porque actualmente en el funcionamiento de las instituciones internacionales y en las políticas globales hay un cierto déficit democrático. Claro que no será fácil crear estructuras democráticas internacionales con poder para judicializar el mundo, pero no hay más remedio. Después de la guerra fría no solamente hay que ordenar la política internacional sino que por primera vez hay que hacerlo globalmente. Y si estos avances resultan desde hace tiempo necesarios, más lo serán en el futuro que exigirá al poder democrático resolver conflictos y problemas de un mundo en proceso de transformaciones revolucionarias.

Problemas planetarios como la desigualdad, la pobreza, el crimen organizado, los movimientos fundamentalistas o la destrucción del medio ambiente... no se solucionan descolgando el teléfono y llamando a la autoridad competente. Son demasiado globales y solamente pueden afrontarse en grupo mediante el diálogo, el compromiso y el acuerdo; mediante nuevas legalidades, renovando incluso la idea que tenemos del Derecho, que cada vez tendrá un carácter más internacional. Y lo que es más importante y difícil, nuevos comportamientos, porque el funcionamiento tradicional de los poderes democráticos (que no son ideales, pero sí necesarios) ya sólo sirven para decirnos lo que es evidente y la política tiene sentido si inventa nuevas perspectivas. La lucha contra la pobreza, por ejemplo, es una cuestión material, jurídica y se combate con normas y medidas políticas y económicas nacionales e internacionales, y no sólo porque sea moralmente reprobable, sino porque es injusta.

Resumiendo, hemos resuelto unos conflictos, pero no hemos encontrado el bálsamo milagroso que evite los nuevos en un mundo que se interrelaciona y en donde los Estados se empequeñecen sin poder hacer mucho por sí solos, quedándoles solamente la alternativa de trabajar en grupo para afrontar los retos a los que se enfrentan, que son demasiado grandes, demasiado mundiales para un solo país. Por eso, la concepción dogmática del Derecho, la división de poderes como compartimentos estancos o mantener una concepción de la justicia anclada en los Estados nacionales, resultan ideas obsoletas.

Lo cierto es que, ante estos cambios, el ciudadano se encuentra cada vez más desorientado al no saber en muchas ocasiones ni siquiera cuál es el órgano o la instancia competente para resolver su problema o su queja. Nada se sabe ya con certeza. Las instancias de solución de los conflictos cada vez son más variadas, más indeterminadas, más confusas. Cada vez resulta más difícil saber quién tiene la competencia y el poder para intervenir, regular y decidir, cada vez resulta más oscuro saber a quién tenemos que dirigirnos para que nos ayude. De nada sirve lamentarse y responsabilizar de la situación a los avances tecnológicos. No se discute la bondad de la universalización de la democracia y los Derechos Fundamentales, que es el compromiso más noble que la modernidad ha contraído consigo misma. No se plantea si hay una alternativa, sino cómo dentro de esa globalización podemos resolver los problemas, cómo podemos avanzar y subir las cuestas que se nos presentan, cómo podemos garantizar las conquistas democráticas en este casino global porque somos los obreros de nuestro propio destino.

Por eso la democracia debe de ser capaz de enfrentarse con las nuevas realidades, debe contribuir a evolucionar los sistemas de garantías ajustándolos a las nuevas circunstancias, adecuándolos a la realidad social, al cambio, no siendo un obstáculo a su natural evolución, sino al contrario, institucionalizando los cambios, fomentándolos, haciendo que la democracia cumpla con su función transformadora de la sociedad, empujándola hacia una más libre y justa convivencia.

Sin duda y como siempre, nuestro principal enemigo es el escepticismo o conformismo, es decir, la creencia de que no hay remedio, que no se puede garantizar nada, porque los hay, aunque parciales y temporales. El futuro estará lleno de pasado y, sin embargo, vivimos cada instante como si fuera el último. Nos hace falta cierta dosis de serenidad ante un presente que siempre se vive bajo presión.

HECHOS, VALORES Y NORMAS[1]

Que la Constitución es algo más que una norma, que es un orden jurídico, un cuerpo normativo, es bien sabido. Pero también lo es que no deja de ser norma y norma inmediatamente aplicable. Su condición singular (apertura, carácter axiológico, general, ambiguo) la convierte en una norma con mayores posibilidades de concreciones diferentes y con mayor necesidad, por tanto, de disponer de una teoría que nos permita objetivar, descubrir sus límites, convirtiendo en principios jurídicos los valores enunciados, orientando y dirigiendo pacífica y razonablemente lo esencial de la Constitución, contribuyendo a una vida social y política pacífica y libre como un proceso abierto.

El Derecho Constitucional aparece así como una técnica de organización social que contribuye a la implantación de un determinado modelo de organización, un determinado orden, y el Derecho es uno de los instrumentos esenciales. En las sociedades modernas las constituciones, las sentencias de los tribunales, las leyes orgánicas y ordinarias, los reglamentos, las decisiones administrativas, son las principales formas de actuación. Y lo

[1] La primera versión del artículo se publicó en la *Revista de las Cortes Generales*. Tercer cuatrimestre de 1993, pp.148-178.

son porque no todas las actuaciones del poder político se desarrollan mediante normas. Por ello, un análisis puramente jurídico nos proporcionará siempre una visión parcial y falsa. El poder político determina cuál es el Derecho, pero no se agota en él.

Sin embargo, las normas constitucionales plantearon originalmente dudas cuando se intentó aplicar mecánicamente el criterio tradicional de la forma de sanción. ¿El Derecho Constitucional es verdaderamente Derecho?, se preguntaban. La respuesta es obvio que debe ser afirmativa, aunque la sanción sea diferente y dependiente del tipo de norma constitucional de que se trate.

Los valores, principios, instituciones y normas programáticas disponen de eficacia distinta y su obediencia se provoca de diferentes maneras. Generalmente es espontánea, en mayor medida si se adecua a las necesidades y aspiraciones de la sociedad y si son los mismos ciudadanos quienes se la dan como resultado de un pacto social. Y en caso de resistencia y transgresión se obtiene la obediencia por la acción de unos poderes sobre otros y el control de la opinión pública y en mayor medida por las resoluciones del Tribunal Constitucional que controla la constitucionalidad de todo el ordenamiento jurídico, que recibe de la Constitución su fundamento y legitimidad y establece los límites, el marco jurídico apto para el protagonismo de las distintas opciones políticas. Por tanto, existe coacción, aunque sea un tipo de coacción especial y realizada, según sea el precepto constitucional, de forma diferente.

Pero la Constitución, y de aquí su importancia, no es sólo un conjunto de normas amparadas por la coacción de la fuerza, del poder. La Constitución institucionaliza un determinado tipo de coacción y la hace justa, poniéndola al servicio de los fines mediante los cuales se justifica el Estado social y democrático de Derecho. La libertad, igualdad, solidaridad y seguridad son los objetivos y aspiraciones desde las cuales se intenta legitimar toda la legalidad democrática.

La Constitución se manifiesta como sistema de seguridad al «construir» un orden, crear un determinado modelo de organización de la sociedad, institucionalizando un determinado sistema de seguridad. Sistema mediante la constitución de unos poderes, dotándolos de organización y de unas reglas de procedimiento, orden creado, histórico, que necesita del acuerdo básico para su pervivencia, conservación y desarrollo. En este sentido, la Constitución debe ser el resultado normativo de un pacto social y así la mejor Constitución será la mejor para los mejores hombres[2].

La Constitución como conjunto de normas e instituciones (complejo de normas) mediante el cual se instaura una determinada forma de organización política, a la que llamamos Estado, dotando de unidad a una comunidad[3], cumple así una primaria función de información, precisando la posición de los individuos y poderes y las zonas de actuación de cada uno de ellos que serán garantizados y protegidos determinando las formas de resolver los conflictos y estableciendo los requisitos para la creación y ejecución de las normas. Por esto, cuanto más claro, preciso y concreto sea el lenguaje constitucional se darán mejores posibilidades de comprensión, mayor difusión y se perfeccionará la realización de sus principios. Esta tarea de perfeccionamiento del lenguaje, sin por ello perder el rigor ni la coherencia, es una de las obligaciones de los constitucionalistas y de la hermenéutica del Derecho Constitucional, que ayuda así a la formación jurídica general y conocimiento de nuestras posibilidades, porque mediante las leyes no sólo debemos ordenar sino persuadir. La palabra en el lenguaje jurídico debe ser comprensible y veraz, porque su finalidad es resolver los conflictos. En fin, que hay que fomentar el lenguaje coloquial para

---

[2] Hegel, *La Constitución alemana*. Aguilar, 1972.

[3] No me estoy refiriendo a aquellos regímenes despóticos que intentan, con ridícula torpeza, disfrazarse con ropaje democrático.

ser entendido por todos, respetando más a los que quieren saber que a los que saben (Enrique Tierno).

Seguridad, por tanto, a través del orden instaurado por las normas constitucionales, pero también seguridad de saber quién, cómo, cuándo y dónde pueden ejercitar el poder, contribuyendo mediante la información, la clarificación y limitación de competencias a la instauración de la paz social[4].

Pero la finalidad de la Constitución no se realiza exclusivamente con la creación de un sistema que dote de unidad política a un determinado territorio como fundamento para sus estabilidad y con el conocimiento y certeza del mismo, sino por la conciencia de estar protegidos nuestros derechos, conciencia de que la Constitución limita el poder del Estado y lo orienta a la consecución de estos derechos. Seguridad no solamente por el sistema instaurado y por su conocimiento, sino también por la conciencia de estar protegidos nuestros Derechos Fundamentales, seguridad del hombre frente a los que ostentan el poder, poniéndole límites y garantizando que sólo se usará en interés de la comunidad con justicia y moderación. Seguridad de sentirse libre e igual frente al Estado pero también frente a los demás ciudadanos. No hay que olvidar que la democracia es una revolución que impone sus valores, entre ellos el de la soberanía efectiva de cada cual sobre sí mismo, sin falsas exaltaciones, porque la exaltación formal de la libertad suscita los adversarios más brillantes. El Estado democrático solamente es el mejor método inventado para canalizar los conflictos y para solucionarlos mediante compromisos, porque vivir en discordia es la regla de los mortales (Empédocles).

Y así, cuando un ordenamiento constitucional restringe la libertad, provoca desigualdades y atenta contra la justicia, las personas a él sometidas experimentan una inseguridad que no se corresponde con la seguridad que

---

[4] Carlos de Cabo, *Dialéctica del sujeto, dialéctica de la Constitución,* Madrid, Trotta, 2008. Enrique Pérez Luño, *Seguridad jurídica,* Ariel, Barcelona, 1991.

produce el convencimiento de que realmente nuestros Derechos Fundamentales se encuentran protegidos. La función de seguridad que pretende la Constitución no se logra entonces solamente mediante la creación de un Estado, de una legalidad. Tampoco se logra sólo sabiendo que existe una norma constitucional vigente y dónde está el límite del poder, porque aún siendo ello imprescindible, también es necesario que mediante la legalidad constitucional se realicen las conquistas históricas que irrenunciablemente va alcanzando el hombre. Por tanto, la seguridad como función y finalidad de la Constitución no solamente es un hecho, sino también un valor.

Existe seguridad, por tanto, cuando los Derechos Fundamentales están incorporados a la Constitución, intentando hacerlos eficaces y reales en una determinada sociedad. Existe plena seguridad cuando la Constitución positivista y concreta, amplía y perfecciona unos valores expresados en términos de Derechos Humanos y libertades, intentando hacerlos cada vez más reales y efectivos en el marco de una determinada sociedad.

La seguridad como resultado del orden que produce la Constitución se realiza cuando se positiviza, pero también cuando garantiza estos Derechos, modificándolos y perfeccionándolos a partir de las contribuciones teóricas y las observaciones que la práctica va revelando como mejores y más justas, en un proceso que permanece siempre abierto. Seguridad en definitiva de que disponemos por igual de unas condiciones que nos permiten ejercer la libertad y disfrutar la justicia.

La Constitución, por tanto, provoca seguridad cuando consigue el mejor orden para la realización más plena de los derechos considerados esenciales para la existencia digna de la persona. Este concepto pleno de seguridad es el fin primordial del Estado de Derecho, su razón de ser y, por tanto, de la Constitución, instrumento mediante el que se realizan sus funciones esenciales. El Estado de Derecho, que como primera y fundamental garantía se caracteriza también por su naturaleza cambiante y perfectible es un proceso que permanece abierto y variable en el tiempo, la democracia es progresiva en el camino del lograr una más perfecta realización del orden mediante el cual se logra nuestra libertad.

Debemos resignarnos, por tanto, a no encontrar fórmulas que terminen de una vez por todas con el mal social, con las desigualdades e injusticias porque el Estado de Derecho es la historia de conquistas parciales reales, no formales o absolutas. La libertad no está nunca de una vez por todas establecida, su rostro está sometido a las incidencias históricas de la aventura humana que elige sus objetivos y por tanto puede cambiarlos. Estos derechos, por muy fundamentales que sean, son históricos, no se han determinado todos de una vez, sino en determinadas circunstancias con nuevas necesidades y por tanto exigencias. El que no vea y valore estas conquistas parciales y que precisamente estas mejoras son las que justifican una determinada forma de Estado, o es un ingenuo o un malintencionado.

Así, debemos seguir trabajando por el Estado de Derecho, dando nuevos pasos, contribuyendo, por ejemplo, a que la democracia que conocemos, el mejor mundo conocido para un tercio de la humanidad, no siga siendo un infierno para el resto. El mundo ha dejado de ser Europa para constituirlo cinco continentes.

Pero cuidado con los pesimistas, agentes de circulación de las malas noticias que resaltan como particulares y propios de un país o de una época los grandes males de los hombres de hoy y de antes. El Estado de Derecho se legitima porque al menos los hace sabidos y los males que se conocen son menos males. Sin olvidar que siempre se pone más énfasis en los momentos de crisis que en las buenas situaciones. La enfermedad siempre se siente más que la salud.

La naturaleza humana no cambia, pero quién puede discutir que en el Estado de Derecho está más controlada. Que existe una crisis de fundamentos es sabido, pero no vamos a superarla buscando otros que los sustituyan, porque la crisis es de los propios fundamentos. Por suerte no imperan las corrientes del pensamiento que pretenden a la vez explicar y transformar el mundo. Hay que huir de las sentencias y preguntas totales que provocan desencanto, hay que desconfiar de los perfeccionistas sociales o predicadores apocalípticos, los sentidos totales ya no existen. ¿Por qué todo esto es así? La respuesta es sencilla: si fuera de otra forma, nosotros no estaríamos aquí.

El ser y el deber ser de la Constitución están unidos. No podemos confundir ambos planos, pero sí evitar su separación y ruptura. La Constitución proporciona siempre orden y certeza, pero solamente proporcionará seguridad en su sentido más profundo cuando logra la realización de las exigencias humanas de libertad, igualdad, justicia y solidaridad[5].

Pero libertad en concreto, la libertad de establecer cada uno el baremo de lo bueno y lo malo, de elegir, de equivocarse. Libertad en el sentido más tradicional de esfera personal que viene limitada por el mismo derecho del otro; no la falsa libertad de los sueños, la libertad formal sin efectos ni consecuencias, sino libertad como autonomía personal, como pluralismo político, social y también moral y libertad que debe ser *igual* para todos, porque todos somos iguales aunque no seamos lo mismo.

Si con la interpretación no revitalizamos los derechos y garantías corremos el peligro de gastar la libertad. Tenemos que regular los nuevos conflictos sin asfixiar al individuo porque la libertad comienza por la afirmación de que nadie debe elegir en nuestro lugar. El hombre es libre si lucha para elegir, para optar, para vivir como íntimamente desee, con respeto a los demás, pero con fuerza para vencer los obstáculos, las modas y los mer-

[5] O lo que es lo mismo, los cuatro valores que constituyen la moralidad del poder y del Derecho en este paradigma político y jurídico de la modernidad (libertad, igualdad, solidaridad y seguridad). Gregorio Peces-Barba, *Ética pública*, Discurso de recepción en la Real Academia de Ciencias Morales y Políticas, Madrid, 19 de abril de 1993, pág. 11. Teresa Freixes, *Constitucionalismo Multinivel: Derechos Fundamentales*, CEPC, 2015.

cados, pero ser tolerante no es transigir o callar. Ser tolerante es luchar y llevar la contraria cuando se está en contra. Con respeto pero también con convicción, ser tolerante es respetar al contrario sabiendo que está equivocado y decírselo (Fernando Savater).

Podemos aceptar, por tanto, la tesis de que la seguridad de que nuestra libertad e igualdad están garantizadas son los dos fines primordiales de la Constitución. El objeto del Derecho Constitucional no puede reducirse entonces al estudio dogmático exclusivo de la validez de sus normas que coincide con la falsa excelsitud de quienes ponen los ojos en blanco cuando hablan del «concepto», la «ley» o de «principios» y no están dispuestos a dejarlos contaminar con historias, casos o subjetividades. La fijeza del lenguaje nos engaña porque un concepto es una invención a la que nada corresponde exactamente aunque muchas cosas se parecen.

Las normas tienen que adaptarse y modificarse en función de los fines que las justifican y las exigencias de las nuevas épocas y para ello es imprescindible conocer estos fines, ideales y valores. Pero además, como es sabido y se recuerda siempre, las normas son realidades humanas, productos sociales que existe para ser aplicados en una sociedad, con consecuencias también de carácter real y para su correcta elaboración, aplicación y explicación es necesario conocer y tener en cuenta la sociedad a la que van a ser aplicadas, y las consecuencias que se producen con su aplicación. Por ello es conveniente estudiar la Constitución también como hecho social y real. Si no conocemos el tipo de ciudades en las que vivían los griegos del siglo IV a. C. no podremos comprender las leyes y la política de Aristóteles[6].

[6] «La consideración trilateral –ética, política y Derecho– impide, o al menos, dificulta los reduccionismos y permite una construcción racional de la situación del hombre en la vida social, teniendo en cuenta todos los elementos morales, políticos y jurídicos enraizados en un antropocentrismo laico que es el paradigma de la modernidad». Gregorio Peces-Barba, ob., cit., pag. 14.

Cabría diferenciar entonces[7] tres niveles de análisis de la norma constitucional: uno formal, gramatical, relativo a su validez, porque la norma es válida si está en vigor, de conformidad con el sistema normativo del que forma parte; otro concerniente a su eficacia. Es decir, si se realizan con ella los fines que se persiguen, estudiando sus consecuencias y efectos y su grado de aceptación y cumplimiento real en sociedad y, finalmente, un tercer nivel que plantea el problema de su legitimidad y más radical justificación.

Es necesaria la no confusión de planos, pero esta independencia no supone ni ruptura, ni incomunicación. Son relativos, pero complementarios y cada uno nos suministra explicación de ciertos aspectos de la norma, importantes para conocerla, aplicarla, explicarla, desarrollarla y adaptarla correctamente.

Sin embargo, históricamente siempre se ha interpretado el texto constitucional desde una concepción reduccionista. En unos casos se ha prescindido por completo del problema de la justicia y de la eficacia. Es sabido que Gerber, Laband y Jellinek fundamentaron esta disciplina en un concepto basado en la tradicional dogmática jurídica. Para éstos, el campo del Derecho Constitucional es el de la norma, de manera que todo lo demás trasciende al campo del derecho. Es ése un normativismo que, como el platonismo, considera la norma como una idea perfecta y al margen de cualquier condicionamiento social (Kelsen) o ideológico (Hobbes). Sin embargo, esta tendencia quebró con la crisis de los presupuestos liberales y con los intentos de jurisdicción de toda la realidad política, crisis que produjo, como es lógico, la búsqueda de nuevos enfoques en el estudio de esta realidad.

Fue la doctrina alemana la primera en contribuir con sus estudios a trazar los nuevos perfiles. Carl Schmitt, con su supremacía de la política sobre el derecho, y Rudolf Smend, junto a autores como León Duguit y

[7] Sigo para esta diferenciación, entre otros, a Norberto Bobbio.

Maurice Hariou, formularon las primeras aportaciones relevantes en este sentido, que coinciden con la crisis del formalismo jurídico del Estado liberal, crisis que hacía necesario un concepto sustantivo de Constitución que supera la crítica del concepto demoliberal. La obra de Ferdinand Hermens, Karl Loweenstein y Kruger continúa el camino de replantear la Constitución mediante una teoría demoliberal, enriquecida con las corrientes socializantes.

En la segunda mitad de nuestro siglo, la búsqueda no hizo más que seguir los caminos trazados por la crítica sociológica al viejo normativismo formalista hasta diluir, en parte, el Derecho Constitucional en la Ciencia Política. A ello contribuyó la caída de las democracias liberales y la diáspora de varios profesores alemanes que huían del nacionalsocialismo, como K. Loewenstein, C. J. Friedrich y F. Hermens, evolucionando el normativismo constitucionalista hacia una concepción dinámica de la Constitución. Esta influencia impactó a los teóricos franceses como Georges Vedel, Maurice Duverger, Georges Burdeau y Marcel Prelot, radicalizándose con la jurisprudencia de intereses, la jurisprudencia sociológica, llegando al realismo americano, por ejemplo, a reducir validez a eficacia, afirmando que el Derecho auténtico no es el enunciado en la Constitución, sino aquél que efectivamente se aplica.

Finalmente, otros reducen validez a justicia manteniendo la supremacía de la ética sobre el Derecho; una norma constitucional es válida solamente si es justa, el Derecho Constitucional injusto no es derecho, tesis mantenida por los cada vez más escasos partidarios del iusnaturalismo extremo.

Hoy en día parece admitido que cualquier posición reduccionista constituye un empobrecimiento que dificulta la comprensión y la interpretación correcta de las normas constitucionales útil para afrontar los nuevos tiempos y cambios. La interpretación de cada precepto de la Constitución como hecho social y como valor es el estudio de los aspectos o fenómenos que con razón se dolía Jellinek de no encontrar un adjetivo para referirse a ellos. Pero resulta evidente que una norma constitucional válida resultará tanto más eficaz cuanto más conforme sea con la idea de justicia compartida por los asociados. No hay que olvidar que la ética nos informa de lo que es plausible para que la convivencia humana pueda conservarse y perdurar.

En efecto, la aplicación de la Constitución no es ni puede consistir solamente en la interpretación de su validez afirmando la supremacía absoluta del texto jurídico y en donde lo jurídico por ser jurídico es siempre justo.

La Constitución, como he dicho, aparece como intento de realización de una cierta idea de justicia, de un cierto sistema de valores que evolucionan, que cambian, que se concretan y que no solamente son los incorporados explícitamente en la Constitución, sino también los aceptados y vividos como tales por una colectividad determinada sin intentar recuperar los antiguos, porque necesariamente cualquier época pasada no fue mejor. El bien ya no existe como valor absoluto y cada uno debe disponer de libertad para crear su mundo, manteniéndose diferenciado porque si se mezcla demasiado, se pierde.

Tampoco se puede entender, y menos aplicar, una Constitución si su sistema normativo se aísla y separa de la realidad social y política en la que nace y en la cual se aplica. No olvidemos que el valor de una medición deriva de la medida con que se mide y los hechos y los valores forman parte de la propia norma y la teoría se encarga de que su uso sea científico, jurídico, limitado y dirigido. «Toda normativa implica un sistema de referencias ideológicas y sociológicas. La normatividad en la base nunca es neutral»[8]. No hay nada neutral en este mundo, lo que es verdad es verdad porque nos interesa.

---

[8] E. Tierno y R. Morodo, *Estudios de pensamiento político*, Tucar, Madrid, 1976, pág. 62.

Esta concepción del Derecho Constitucional lo sitúa así como una disciplina fronteriza respecto a la totalidad de los estudios jurídicos y lo aproxima a otras disciplinas históricas, sociológicas y politológicas que analizan los mismos fenómenos y de cuyos conocimientos se nutre.

No obstante, esta concepción global requiere de una especialización del estudioso. Debe renunciar a ser exclusivamente un compilador de sentencias del Tribunal Constitucional o especialista solamente en la exégesis de todo el Código, que no es más que el culto a la autoridad y el precedente. El constitucionalista debe convertirse en un especialista de cada uno de los derechos y garantías para adaptarlos a los cambios y nuevas realidades[9].

Podemos pensar entonces que el contenido del Derecho Constitucional debe tener en cuenta las ciencias de la realidad y otras disciplinas que están delimitadas en virtud de criterios diversos, incluso, como dice Pizzorusso, por los mismos intereses que sus estudiosos. Conocimientos que debemos conocer porque sus aportaciones son necesarias para realizar una interpretación adecuada de cada uno de los preceptos del texto, para poder también adaptarlo a las nuevas épocas y porque los necesita la Teoría de la Constitución, que por sí misma no puede aprehenderlos.

El intérprete constitucional no puede prescindir de los elementos metajurídicos que tan tajantemente condenó H. Kelsen porque si el derecho es un fenómeno social y los fenómenos sociales forman entre sí una unidad, no es recomendable llevar a cabo un total aislamiento. «La verdad es el todo» (Hegel), y aunque sea necesario por razones de análisis y de especialización separar entre sí los diferentes fenómenos sociales, estas distinciones no deben hacernos olvidar ni prescindir de la conexión necesaria que todos tienen entre sí, evitando en lo posible lo que manifiesta la experiencia política occidental: una evidente disociación entre los textos constitucionales y

---

[9] J. Pérez Royo, *Tribunal Constitucional y división de poderes*, Civitas, Madrid, 1988, pág. 17. Yolanda Gómez, *Constitucionalismo Multinivel: Derechos Fundamentales*, CEPC, 2015.

la realidad político-social. Por esto, es necesario para aproximarnos al conocimiento real de nuestra Constitución formal tener en cuenta estos condicionamientos a la validez efectiva de la misma, factores reales de poder o realidad normada. Y para estudiarla y explicarla tendremos que emplear los métodos adecuados a su específica naturaleza[10].

Ello implica que para interpretar los preceptos constitucionales debemos investigar y conocer los campos y realidades a los que intenta ordenar un determinado precepto. Es necesario que en la teoría interpretativa seamos conscientes de esta relación y mutua complementación entre hechos, valores y normas porque cada uno necesita para conocerse de los conocimientos que le aporta el otro. La Historia Constitucional, la Teoría del Estado, el Derecho Comparado, *comparative politics*, la Ciencia Política o incluso la sociología, no pueden aprehender sus fenómenos prescindiendo, por ejemplo, de la fuerza normativa de la Constitución. Necesita conocerla para valorar su importancia como configuradora también de la realidad, necesita recurrir a la teoría jurídica de determinada constitución, a los conocimientos que le aportan estas ciencias, para conocer su campo de estudio y explicarlo y, al revés, para interpretar cada uno de los derechos e instituciones constitucionales necesitamos de los conocimientos que nos aportan otras ciencias y prácticas para precisar la eficacia jurídica de sus normas y establecer el significado del alcance de los fines que la justifican. Conocimientos que deben integrar las concepciones morales y jurídicas. Las consecuencias sociales y económicas de la interpretación, la opinión pública, los nuevos problemas, etc. Criterios que se integran en la Teoría de la Constitución para posibilitar la interpretación jurídica de sus normas en todas sus dimensiones, sistematizando un conjunto de conceptos que nos permitan aplicarla correctamente, desarrollarla y adaptarla a las nue-

[10] Luis Prieto Sanchís, «Normas sobre la interpretación constitucional», *Revista del Centro de Estudios Constitucionales*, núm. 9, pág. 175.

vas necesidades aunque toda constitución, como toda persona, sea hija de su tiempo.

En general, estas otras ciencias y prácticas se encargarán así de estudiar los objetivos empíricos, mientras que la teoría de la Constitución se encargará de las normas. Como señaló Rudolf Carnap: «No hay más que dos clases de objetos científicos, los empíricos (cosas, sucesos, hechos) de los que tratan las ciencias de la realidad, y los lógicos, las formas del lenguaje».[11]

Por ello, la misión fundamental de la Teoría de la Constitución es el estudio de la norma y de la normativación de estos hechos y valores, estudio de los conceptos, proposición de las bases y principios que se encargan de estudiar la norma fundamental relativa a la organización y actuación del Estado, del ejercicio del poder político, de los derechos y libertades básicos del ciudadano y de las garantías que aseguran su efectividad. Los datos, los hechos, los valores son conocimientos necesarios para comprender en todas sus dimensiones la Constitución y fundamentalmente los condicionamientos a la validez efectiva de sus normas. Factores reales que configuran las nuevas conquistas y que estos conocimientos deben integrarse y sistematizarse con la Teoría de la Constitución, que permite así interpretar, aplicar y desarrollar correctamente la norma fundamental.

Un buen ejemplo de esta necesidad lo tenemos en los seminarios y reuniones entre juristas y científicos para analizar las implicaciones que se producen en el ámbito e incluso naturaleza del derecho a la intimidad e igualdad por parte de los descubrimientos y prácticas posibles en el genoma humano. Parece evidente que necesitamos conocer estos nuevos hechos y realidades para interpretar, avanzar y desarrollar el Derecho a la intimidad reconocido en el artículo 18 de nuestra Constitución de acuerdo con los nuevos tiempos y es necesario, incluso urgente, interpretarlo de nuevo

[11] Rudolf Carnap, *Meaning and necessity. A study in semantics and moral logic*, Chicago, 1947.

para impedir que se produzcan discriminaciones no previstas hasta ahora: discriminaciones en función de la herencia genética.

La teoría de la interpretación, que lo es de la Constitución, seguirá estando así formada por un conjunto de categorías y postulados elaborados por las diversas escuelas (positivismo jurídico, normativismo kelsiano, método técnico-jurídico de la doctrina italiana contemporánea, etc.) adecuándolos, desarrollándolos y reelaborándolos en función de la casuística como la entiende Luhmann[12], en función de la relación entre efectos y objetivos. No es, por tanto, una Teoría de la Constitución abstracta, válida para todas, una Teoría de la esencia de la Constitución, sino una Teoría concreta, dinámica, cambiante y perfectible que parte de la realidad de la doctrina y de la historia.

La ciencia de la Constitución, la hermenéutica constitucional, se propone entonces, a través de un adecuado procedimiento, la formación de un «corpus» de conceptos, de presupuestos comunes, de postulados, de elementos y estructuras del lenguaje constitucional que constituyan una base de significados y conocimientos, un a priori que nos permita entendernos desentrañando el significado de las palabras constitucionales, dándonos base científica suficiente para elaborarlas. Es como un diccionario y este diccionario a partir del cual podemos empezar a interpretar y comprender un determinado lenguaje para investigar, aplicar y explicar la norma, es o debe ser la Teoría de la Constitución en cuanto instrumento para el correcto significado de la misma, comprensión de la Constitución o pre-comprensión, si preferimos el concepto que utiliza Hesse.

Teoría de la Constitución que lo es a su vez de la interpretación porque la unidad del ordenamiento jurídico exige la unidad de sentido de sus normas y, por tanto, la unidad en cuanto a los rasgos fundamentales de la Teoría que los interpreta. Es políticamente necesario y jurídicamente obli-

[12] Niklas Luhmann, *Sistema jurídico y dogmática jurídica*, Centro de Estudios Constitucionales, Madrid, 1983.

gatorio interpretar todo el ordenamiento jurídico desde la Constitución de conformidad con ella, con el todo en el que cada precepto encuentra el sentido pleno, valorándolo con los demás según lo establezca el Tribunal Constitucional, auténtico intérprete de la misma[13].

Es necesario, incluso urgente, por ejemplo interpretar las garantías contenidas en la Ley de Enjuiciamiento Criminal de acuerdo con los caracteres que definen los delitos de narcotráfico (crimen organizado), que se caracterizan por ser de grupos muy ramificados con grandes medios económicos y que no sólo conocen sino abusan de los instrumentos de garantía procesal para retrasar e incluso impedir sentencias rápidas (abusar de los Derechos Fundamentales es usarlos con ánimo y finalidad de perjudicar, instrumentalizarlos)[14].

Las garantías del Estado de Derecho se están, en cierta medida, alejando de las nuevas realidades, gastando y, en parte, superponiendo. Un mayor número de garantías no garantiza más el Estado de Derecho. Uno no puede vivir en eterna asamblea y estos defectos en muchas ocasiones se pueden superar no necesariamente con nuevas regulaciones sino con nuevas interpretaciones. Los cambios son tan rápidos que en muchas ocasiones no es imprescindible esperar el lento proceso de elaboración de una nueva ley porque mientras ésta no se produzca pude mejorarse la eficaz aplicación de las que existen con la hermenéutica. Con la libertad que tiene el juez, sobre todo constitucional, para poder acomodar el Derecho y hacer justicia supliendo con la interpretación las deficiencias de las normas, dotando a los códigos de efectividad y coherencia, pero libertad cuyo peso es la responsabilidad del juez ante él y ante todos, responsabilidad que es la capacidad democrática por excelencia.

---

[13] Carlos de Cabo, *Dialéctica del sujeto, dialéctica de la Constitución*, Madrid, Trotta, 2008.

[14] Antonio Rovira Viñas, *El abuso de los Derechos Fundamentales*, Península, Barcelona, 1983.

El legislador no puede hacerlo todo y el juez no puede ampararse en una ley defectuosa, anticuada, para justificar sus errores, injusticias o deficiencias. Los jueces pueden y deben ser mejores sin que para ello deban cambiarse antes todas las leyes.

La Teoría de la Constitución, la hermenéutica constitucional, nos enseña así a leer el lenguaje escrito en la norma. Lectura que tiene que facilitar la movilidad de las normas fundamentales adecuándolas a exigencias sociales, políticas y económicas de una determinada sociedad, para que pueda cumplir realmente con su misión: ordenarla jurídicamente dotando de «seguridad» a la comunidad. La Teoría de la Constitución es el instrumento que permite que esta adaptación no suponga arbitrariedad, logrando en cada momento el equilibrio entre la necesaria validez para la estabilidad y seguridad jurídica y la conveniente movilidad para conseguir su adaptación y por lo tanto realización. Cuanto mayor sea la conexión entre la Teoría y la realidad, mayor adaptación se producirá de sus preceptos e intenciones, permitiéndonos la Teoría de la Constitución así entendida analizar la norma a los tres niveles, adaptándolos y concretándolos de acuerdo con las exigencias del ámbito normativo acotado por la misma.

Concebida así, la Teoría de la Constitución es susceptible de dotar a cada uno de sus preceptos de una notable dosis de racionalidad, flexibilidad, previsibilidad y objetividad para cumplir más fielmente sus objetivos de seguridad y justicia, de garantía para la realización de los Derechos Fundamentales y de los tiempos al constituirse como instrumento capaz de explicar, dar respuesta y sentido al ordenamiento constitucional de que en cada caso se trate.

No obstante, para poder cumplir con esta tarea precisa de una constante actualización y de la voluntad del jurista para conseguirlo. La labor del constitucionalista tiene entonces una función valorada, crítica de las imperfecciones e inadecuaciones de la Teoría y de las normas a las necesidades sociales, reconstruyéndolas en función de estas concretas situaciones. Es labor del juez constitucional rehacer, avanzar y perfeccionar su actividad a partir de los conocimientos que obtenga de otras ciencias de la realidad, perfeccionando la hermenéutica constitucional como instrumento para una mayor adecuación del Derecho Constitucional hacia ésta, adquiriendo efectiva validez. La aplicación del Derecho Constitucional así entendido debe tener en cuenta las distintas variables de los contextos, de las circunstancias. Debe saber de la imprevisibilidad de definir de una manera rigurosa lo que es un conjunto global de presupuestos. Debe admitir la conjetura, el cálculo de probabilidades con límites y controles que eviten la imprevisión, porosidad y arbitrariedad en el empleo de los conceptos fundamentales y limitar así los efectos que produce la orientación de la norma en función de los casos. Mediante la dogmatización, que es fundamentalmente sistematización del material jurídico constitucional, elaboración, previsión y clarificación de sus conceptos, se evita que los argumentos de eficacia y justicia aparten las decisiones del ordenamiento.

Este trabajo del constitucionalista, que viene conocido como dogmática jurídica del Derecho Constitucional, es fundamental para la construcción de la Teoría de las fuentes, el análisis de la rigidez constitucional y para establecer los parámetros normativos de sus valores. En definitiva, es necesario para establecer el marco constitucional apto para el protagonismo de las distintas opciones políticas.

Sin embargo, es conveniente diferenciar la actividad interpretativa del dogmatismo formalista y privatista de finales del siglo XIX que, siguiendo al profesor Luis Legaz, es un mero pensar dogmático-teológico-filosófico, pensar antiinvestigador, que sacraliza las normas, buscando solamente la inclusión del hecho en las mismas. Dogmática como hecho religioso que hay que diferenciar de la dogmática jurídica actual.

Para el teólogo el dogmatismo es una actividad mental total, mientras que para el jurista –para la Teoría de la Constitución– solamente es parcial. Como escribe Luhmann, es necesario un tratamiento no dogmático de la dogmática porque en el ordenamiento positivo no hay más verdad dogmática que la validez. Por eso la aplicación de la Constitución no puede interpretarse si antes no es conocida, pero tampoco puede sin una teoría, una «técnica» que proporcione a los encargados de aplicarla, elaborarla, modificarla o explicarla del material que permita su concreción y actualización orientando al jurista no sólo con argumentos conceptuales y dogmáticos, sino de eficacia y justicia, enfrentándonos así a las crecientes exigencias de tiempo en la adaptación a los cambios sociales y sobre todo en la orientación de las consecuencias que no deben reducir el rigor que es compatible con una pluralidad de situaciones sociales diferentes y con un material normativo abierto y en rápido cambio.

Es necesaria una técnica o ciencia, sin entrar ahora en la distinción que realizó Geny, para lograr una aplicación de la Constitución adecuándola a la dinámica social.

La interpretación se convierte así en la actividad que busca el mejor sentido de la norma y el resultado constitucionalmente más correcto, ajustado y justo. No se reduce a un acto puramente declarativo sobre su significado a partir de injerencias lógico-formales. La interpretación lee la pluralidad de sentidos posibles atribuibles a la norma que implica siempre una opción y valoración mayor o menor del intérprete, fundamentados en la teoría, inherente a cualquier actividad hermenéutica[15].

El carácter descriptivo o neutral de la interpretación como garantía de seguridad jurídica implica entonces y siempre, consciente o inconscientemente, optar por determinados fines o valores, porque no hay manera de

[15] Carlos de Cabo, *Pensamiento crítico, constitucionalismo crítico*, Editorial Trotta, Madrid, 2014.

decir la verdad, sólo se puede determinar mejor o peor un problema. Pero también la interpretación, toda interpretación, no se realiza en el vacío, puesto que se lleva a cabo en condiciones sociales e históricas determinadas que generan los usos lingüísticos de los que debe partir cualquier atribución de significado, los *lenguaje-games* de Wittgenstein, juegos de lenguaje que reflejan diversas formas de vida, concretando el significado a las proposiciones que en ellos se integran. Y el intérprete constitucional no puede desligar su cometido del ámbito vital en el que se desarrolla su tarea conectando la Constitución resumida como un todo y la norma que interpreta, premisa actual de la moderna hermenéutica según Gadamer[16]. En definitiva, para concretar el mejor sentido de la norma es necesaria una adecuada Teoría de la Constitución que integre la norma con los hechos y valores que ordena.

El intérprete, por tanto, no tiene como tarea hermenéutica solamente la de comprobar el sentido originario de la ley y aplicarlo como correcto, olvidando la tensión entre sentido originario y sentido actual. Ernst Fosrthoff ha demostrado en una valiosa investigación que por razones estrictamente jurídicas es necesario reflexionar sobre el cambio histórico de los casos, pues sólo éste permite distinguir entre el sentido original del contenido de una ley y el que se aplica en la praxis jurídica. El jurista siempre se refiere a la ley en sí misma, a su vigencia, a la norma como dogma, pero tiene que determinar su contenido normativo respecto del caso al que se trata de aplicar, está obligado a admitir que las circunstancias han ido cambiando y que en consecuencia la función normativa de la ley tiene que ir determinándose de nuevo y es el constitucionalista el que debe poner en revisión el sentido de la ley con la actualidad presente de la vida, adaptando el texto al presente jurídico según la descripción de E. Betti[17].

---

[16] H. J. Gadamer, *Verdad y método*, Salamanca, 1984.

[17] E. Betti, *Teoría generale dell'interpretazione*, Milán, 1956.

Así, el intérprete no pretende otra cosa que comprender el texto, comprender lo que da sentido y significado al texto y para comprender esto no puede ignorarse a sí mismo a la situación hermenéutica concreta en la que se encuentra. Está obligado a relacionar el texto con esta situación, si es que quiere aprender algo de él. Así, la hermenéutica constitucional alcanza, como escribe H. J. Gadamer en *Verdad y Método*, su verdadera determinación llegando a desarrollarse como teoría general de la comprensión y la interpretación de los textos constitucionales, cuando llega a ser Teoría de la Constitución.

Por esto, la teoría de la interpretación es hoy el núcleo central de la Teoría de la Constitución. La interpretación ha dejado de ser un tema reservado a civilistas y a filósofos del Derecho para convertirse en el centro del Derecho Constitucional, lo primero. Sólo a partir de ella podemos aplicar correctamente nuestro Derecho. Recordamos una de las tesis características del último Nietzsche: No existen hechos, sino interpretación adecuada a las exigencias de la época. Si se prefiere, que ofrezca las bases necesarias para construir nuestro propio Derecho Constitucional, el que resulta del texto de 1978 y para aprehender nuestro Estado.

Así entendida, la Teoría de la Constitución y la interpretación como su aplicación a un caso concreto, los medios de la dogmática de tradición iusprivativa se revelan insuficientes, para lo que precisa emanciparse en esta metodología afirmando su autonomía, elaborando sus propias categorías metódicas y reivindicando el carácter jurídico de dicha actividad frente a quienes la entienden como un mero proceso político supeditado a la fuerza determinante de los hechos. La hermenéutica constitucional posee una tarea dogmática especial. «Es cierto que el nudo central de la cuestión es siempre el problema de la norma, y ello porque en cuanto norma positiva (sin la cual no hay lugar para una investigación científica sobre el Derecho) constituye el vínculo de la amalgama, de la combinación química entre el ser y el deber ser que compone la trama irresoluble de la problemática jurídica»[18].

No obstante y ello es importante dentro de esta concepción global de la interpretación de la Constitución, pueden y deben diferenciarse suficientemente de los tres planos, evitando la confusión entre validez, eficacia y legitimidad (normas, hechos y valores) de las normas constitucionales, no admitiendo que en la labor de interpretación, conclusiones políticas y argumentaciones relativas a la legitimidad, o el cálculo de las consecuencias económicas o sociales de la decisión que deben tenerse en cuenta, puedan ser utilizadas para falsear o incluso violar la normativa positiva y apelar a los factores no controlables para abandonar el autogobierno dogmático del sistema. La función de otras disciplinas y realidades debe ser por el contrario la de completar, prolongar, desarrollar y adaptar con sus conocimientos todas las posibilidades insertas en las normas fundamentales para que cumplan con su función la realización más efectiva de los Derechos Fundamentales.

A través de esta confrontación permanente con la realidad social y a través de esta toma de conciencia de la interconexión entre legalidad y legitimidad, la Teoría de la Constitución supera su momento formalista de aislamiento, perfecciona sus propios métodos de trabajo, constituyéndose así como instrumento apto para la institucionalización del cambio social que es en este momento más necesario que nunca. Hay que tener en cuenta que hoy, como escribe Baudrillard, los cambios son tantos y tan rápidos que la historia deja, en cierta manera, de ser real, la velocidad del cambio nos va alejando de lo real, y, por tanto, de la historia, llegando a un punto en donde la realidad se aleja del espacio y del tiempo, se aleja del horizonte donde es posible lo real y sólo queda el acontecimiento.

---

[18] U. Cerroni, *Metodología y ciencia social*, Barcelona, 1971.

En las sociedades modernas las fronteras (morales, políticas) se hacen porosas. Antes había sucesión, ahora simultaneidad; guerras y paces se sucedían y se extendían, hoy se interrelacionan, se interpenetran, se implican, ya no se sabe casi nada con certeza[19].

Juristas y legisladores tienen que ser capaces de enfrentarse con esos nuevos problemas y realidades, contribuyendo con su labor y pensamiento constructivo a evolucionar el Derecho Constitucional ajustándolo a las nuevas circunstancias sociales y políticas adecuándose a la realidad social, al cambio, no siendo un obstáculo en su natural evolución, sino al contrario, institucionalizando los cambios sociales, fomentando incluso el cambio, haciendo que el Derecho Constitucional cumpla con su función transformadora de la sociedad, garantizando la autonomía del individuo, empujando la legalidad hacia la justicia y, por tanto, hacia la eficaz regulación de los nuevos hechos y realidades.

A lo que se opone la Teoría de la Constitución y la interpretación como ciencia que objetiviza la aplicación de una determinada Constitución es a permitir que en su campo se produzca una excesiva y desproporcionada intromisión desordenada de consideraciones provenientes de otras ciencias y realidades. Es necesario que se configure en cuanto auténtica hermenéutica jurídica, pero con los caracteres que la definen modernamente, que tenga perfiles propios y no esté desparramada careciendo de unidad y peor aún, de coherencia. Basta que su tratamiento, por razones didácticas o por elección de quien las expone, tenga bien presente su importancia y contenido para cumplir con la función de explicar y desarrollar una determinada Constitución, que nos permita leerla en concreto, individualizada.

Sin Teoría no es posible interpretar, aplicar, elaborar, modificar o explicar una Constitución, porque no es posible comprenderla. Hay que dispo-

---

[19] Jean Baudrillard, *Les stratégies fatales*, París, 1983.

ner del «diccionario» que nos permita averiguar el significado de las palabras, que nos permita concretarlas. Teniendo en cuenta que su significado no es una propiedad universal o inalterable sino que depende de su función en un determinado contexto, pero lo particular no debe excluir lo general, un concepto tiene pleno significado no cuando designa a una cosa o hecho, sino cuando engloba a todos los hechos o cosas unidos por una misma naturaleza. El concepto de Constitución, por ejemplo: no hay dos Constituciones iguales, pero no hay nada más parecido a una Constitución que otra Constitución, y de lo común a ellas, de aquello que permanece en el cambio, la palabra Constitución, adquiere su significado.

En definitiva, en nuestro sistema jurídico, la fuente, el lugar de donde emana el Derecho Constitucional, el objeto que debemos interpretar es el texto normativo aprobado por los procedimientos marcados por esta clase de leyes como conjunto de normas, hechos y valores[20]. No siendo admisible, por ejemplo, ni el originalismo ni los principios que definen a la escuela del «Derecho libre», para los cuales el «texto» es un mero instrumento que no vincula al juez, y que éste utiliza junto a otros para descubrir una voluntad o finalidad anterior. En esto no hay duda, la querella en nuestro caso siempre ha residido en cómo interpretar el texto, en señalar cuál es el

[20] Sin olvidar el artículo 28 de la Ley Orgánica del Tribunal Constitucional y las sentencias del Tribunal Constitucional 60/1982, 76/1983, 66/1985 en las que se establecen o recogen el concepto de bloque de constitucionalidad. Expresión que surge, como es sabido, en el derecho francés y se incorpora al derecho español en la pasada década integrando en cada momento contenidos muy diversos. Así puede entenderse por bloque de constitucionalidad el conjunto de normas cuya infracción determina la inconstitucionalidad de la ley o como parámetro susceptible de regular el reparto de competencias entre el Estado y las Comunidades Autónomas. En definitiva, lo único cierto «es que, hoy día, en un ordenamiento tan complejo como el nuestro, la validez de una ley no resulta pura y simplemente de la Constitución, sino de un conjunto normativo variable en cada caso, aunque desde luego, en muchas ocasiones, ese conjunto se apoye en la Constitución». Luis Favoreau, *Revista del Centro de Estudios Constitucionales*, enero-abril, 1990. Francisco Rubio Llorente, «El bloque de constitucionalidad» *Revista Española de Derecho Constitucional*, septiembre de 1989. José Asensi, *Constitucionalismo y Derecho Constitucional,* Tirant lo Blanch, 1996.

contenido de las normas constitucionales y cuáles los límites y parámetros normativos que vinculan la interpretación jurídica de la Constitución, interpretación jurídica que necesita más que nunca cumplir una función transformadora adecuando el texto jurídico a las nuevas circunstancias.

El Estado y la sociedad han cambiado, política, social y económicamente. Ahora también es necesario un cambio cultural y por tanto un cambio legal y para este cambio es necesario dotar a los textos jurídicos de mayor flexibilidad, de mayor capacidad de adaptación de sus contenidos a los nuevos hechos y valores individuales.

Por otra parte, nos encontramos ante un orden mundial dividido en donde impera la incertidumbre, con retos muy distintos a la carrera de armamento, la guerra fría o el enfrentamiento Este-Oeste. Sin Oriente que nos oriente. Hemos resuelto unos conflictos pero no hemos encontrado el bálsamo milagroso que evite los nuevos.

Los protagonistas de la historia son cada vez en mayor medida los mercados, los diferentes mercados de sectores, productos y procesos que luchan dentro y fuera del Estado con una cobertura mundial. La economía se ha abierto a la libre circulación de capitales produciéndose por decisiones ajenas a los gobiernos, movimientos que pueden alterar sus prioridades y un solo hombre, por ejemplo, viviendo en Nueva York y con sus empresas de inversiones en Las Antillas puede cuestionar la política monetaria de un Estado o de varios y hacer en consecuencia más pobres a millones de personas. El mercado no tiene nacionalidad y su producción no está motivada por sentimientos. Crean y manipulan necesidades, crean y destruyen empleo y ante esta indefensión la mejor defensa del ciudadano es la conquista de autonomía personal o lo que es lo mismo libertad y responsabilidad. Hemos conseguido sociedades libres, ahora debemos conseguir ser libres, o lo que es lo mismo liberarnos, atreviéndose a pensar cada uno por sí mismo.

El verdadero Estado está compuesto por las empresas o conglomerados de empresas que controlan los siete sectores claves: microelectrónica, biotecnología, nuevos materiales, telecomunicaciones, aviación civil, robótica, ordenadores y software. Para cada uno de estos mercados hay una lucha cotidiana más sofisticada que las tradicionales pero no menos cruel y contundente.

En un mundo donde la comunicación es instantánea y los intercambios de la fuerza del mercado son tan rápidos y ocultos; en un sistema donde la desaparición de las distancias provoca migraciones al fluir las personas como si fueran productos; en un proceso de interrelación planetaria que está sustituyendo el principio de soberanía por el de supremacía y cuestionando consecuentemente el de no intervención[21]; en un mundo así adquiere mayor importancia la creación de mecanismos no sólo para asegurar el cumplimiento de las decisiones de los órganos internacionales sino para adecuar los instrumentos jurídicos tradicionales a la realización de los Derechos Fundamentales y lograr un desarrollo sostenido respetuoso con nuestro entorno[22].

[21] Andre Glucksmann, ob., cit.

[22] Nuevos derechos como el derecho al desarrollo proclamado, entre otros, en la técnicamente deficiente resolución que se aprobó en Viena como resultado del II Congreso Mundial de Derechos Humanos. Tanto allí como aquí se utiliza a veces el concepto de «Derechos Fundamentales de Tercera Generación» para englobar dentro de esta categoría a todos los desarrollos y concreciones de los derechos tradicionales. No obstante, el perfeccionamiento técnico de los diferentes Derechos Fundamentales, su adaptación a las nuevas condiciones sociales, políticas y morales, su concreción para poder abordar las nuevas realidades no es más que la realización práctica y natural, cambiante y perceptible de cada uno de ellos y por tanto ese nuevo ámbito del Derecho Fundamental o los nuevos Derechos que puedan surgir en el proceso de desarrollo de los antiguos, necesariamente no tenemos por qué denominarlos de tercera generación. La nueva categoría debe englobar aquellas nuevas conquistas, aquellos nuevos derechos que suponen una nueva aportación, de la misma forma que la categoría de los derechos sociales engloba a todos aquellos derechos conquistados y reconocidos fundamentalmente, después de la Segunda Guerra bautizada con cierta exageración como mundial, son fundamentalmente derechos de grupo como el derecho a la educación, a la sanidad, a la vivienda, y el hecho de que sea necesaria su adaptación, su

Pero además el paro, el crimen organizado, el terrorismo, la reactivación económica, el cambio climático, los derechos colectivos, la discriminación o la pobreza (hay razones para pensar que dentro de unos años seremos todos más pobres y que tendremos que emplear más tiempo, esfuerzo y dinero para plantear cara a las consecuencias de las catástrofes ecológicas y demográficas causadas por nosotros mismos) no puede afrontarse con los instrumentos jurídicos tradicionales y no resulta eficaz ni necesario cambiar todo el ordenamiento para adaptarlo a las nuevas exigencias. Hay que buscar fórmulas que permitan flexibilizar y adaptar las normas constitucionales a los nuevos hechos sin tener que someter siempre al Parlamento a una tarea de producir constantemente y ante el menor cambio nuevas leyes porque estos problemas no se solucionan descolgando el teléfono y llamando a la autoridad competente.

Por ello es necesario y urgente prohibir menos y promover más adaptaciones, concreciones e interpretaciones de los derechos y garantías que ordenen estas nuevas amenazas o las nuevas dimensiones con que se manifiestan las tradicionales.

---

ampliación y concreción no permite clasificarlos en una nueva categoría, aunque ésta sólo tenga un valor doctrinal, pedagógico, útil para explicar la evolución de los Derechos Fundamentales y también para entenderlos. Por tanto, cuando nos referimos a los derechos de tercera generación debemos referirnos a aquellos nuevos derechos que no son ni los clásicos derechos individuales, ni económico-sociales y políticos.

Estos derechos, que todavía no sabemos bien cómo precisar, son fundamentalmente el derecho a la calidad de vida, el derecho a la paz, el derecho al desarrollo, el derecho en definitiva a avanzar en la realización universal de las Declaraciones.

Por tanto, los derechos denominados de la tercera generación son derechos que necesitan de estructuras, de órganos de instituciones internacionales para su proclamación y por supuesto para intentar su práctica y este hecho y la naturaleza universal de los mismos hace que podamos, para entendernos, clasificarlos en una nueva categoría. Son derechos de la persona, son derechos que necesitan del acuerdo de los Estados para garantizar su efectividad pero es imprescindible además la intervención de organismos internacionales para su defensa, sin que estas clasificaciones doctrinales cuestionen el principio de indivisibilidad de las Declaraciones.

Las nuevas realidades exigen nuevas legalidades, nuevos derechos, nuevas concreciones y garantías, pero fundamentalmente exigen nuevas interpretaciones porque el Estado social tradicional y su ordenamiento (que no es ideal pero sí necesario) sólo nos dice lo que es evidente. El Estado social tradicional está desorientado y hasta cierto punto desfallece, pero conviene más que nunca no olvidar que ninguna institución puede abolirse si no se sustituye por otra mejor.

MÉDICO Y ENFERMO

UN POCO ANTES DE NACER y un poco antes de morir todos estamos sin remedio en manos de los demás. En estos momentos es cuando corremos el riesgo de vernos convertidos en objetos y es cuando aflora la *piedad* y, con ella, la tendencia a legitimar la intervención en nuestra vida sin nuestro consentimiento. Se trata de situaciones en las que la presión de la sociedad se hace más imperiosa que nunca y en las que la voluntad subjetiva apenas aparece. Entonces aflora el dogma fundamental del Estado terapéutico: «es malo cuanto va contra la salud y bueno cuanto la favorece». O lo que es lo mismo: hay que vivir *como Dios manda*.

Se trata de un poder ejercido en bien de otros que nos intenta salvar de nosotros mismos. Todo ello envuelto en un falso concepto de humanidad, incluso de dignidad, lleno de sobreentendidos, poco inteligible y que se presta más a ser invocado como refuerzo retórico que a ser argumentado con precisión.

Se defiende que *humano* es todo aquello que no nos hace sufrir, y por tanto inhumano es lo que no lo evita, aunque lo elijamos voluntariamente. O lo contrario, que el dolor purifica, que el martirio es el camino hacia la gloria. Las dos formas de manifestarse lo absoluto, la que nos obliga a vivir a toda costa y la que justifica la muerte en defensa de no sé qué valor superior.

No obstante, la secularización constante de nuestras sociedades nos ha descubierto que es la libertad la que precisamente nos diferencia de la naturaleza, que es la libertad la *humana conditio*, la que nos permite *ser-humanos*, al permitirnos serlo a nuestro modo, dignamente, y en ello estriba nuestra peculiaridad respecto a los demás seres vivos. Por suerte, ha fracasado la doctrina de la *vida recta* propia de las religiones, aquel modelo de vida digno de ser imitado por todos.

A mi juicio, elegir hoy la «humanidad» no es optar por un proyecto de autolimitación. Saberse humano no es aceptar un hecho biológico o cultural, una forma de ser, sino tomar decisiones y emprender el camino elegido. *Ser-humano* no consiste en diseñar modelos e intentar imponerlos como mejores *en sí*. Lo humano del ser humano no es la herencia, sino la capacidad de decidir, que busca la humanidad bajo la pluralidad de sus manifestaciones, porque una de las principales características de la vida es su complejidad y su variedad. En definitiva, su singularidad, incluso genética.

Los animales cuentan con sus instintos, nosotros también. Pero además, y prioritariamente, intentamos desarrollar un arte de vivir que los orienta. También actuamos por estímulos, pero la forma de satisfacerlos es libre y por eso somos los dueños y responsables de nuestro destino, porque podemos cambiarlo, porque podemos controlar y dirigir nuestros instintos.

Ciertamente, para todos los demás seres vivos también existe lo mejor y lo peor, también los animales pueden elegir entre diferentes opciones. Pero cuando eligen no lo hacen voluntaria y libremente, les pasa lo mismo que a nosotros cuando tenemos que elegir, por ejemplo, entre diferentes opciones materiales, no se trata de la libertad de voluntad. En tales elecciones lo que decide es mi gusto, no depende de mí, no se trata de hacer algo mejor para mí, sino de hacer aquello que me gusta.

Es verdad que la similitud de todos los seres vivos es mucho más sorprendente que cualquier diferencia. Todos somos muy iguales. Todos descendemos de la misma célula original, aunque de eso hace al menos 3.500 millones de años y durante este tiempo millones de fenómenos aleatorios nos han conducido hasta aquí. El azar eligió uno entre los muchos posibles y por ello somos lo que somos. No existe un determinismo, una mano divina, una voluntad, un programa. Somos un accidente, una mezcla de azar y necesidad.

Por eso, ni antes de la capacidad de modificación embrionaria, ni después, puede hablarse de un futuro cierto aunque desconocido, determinado por nuestras neuronas y que condicione totalmente nuestro comportamiento futuro. No siento el mismo temor que Habermas, para el que la posibilidad de manipulación genética, aunque sea controlada por la política y el Derecho, dice que afectará a nuestras capacidades de autocomprensión y nos hará no sólo diferentes, que ya lo somos, sino desiguales.

¿Quién sabe si conocer que otro ha diseñado la composición de mi genoma tiene que ser importante para mi vida? Lo que es seguro es que prefiero que me manipulen ciertas características heredadas que vivir toda la vida con ellas. La manipulación, sobre todo si está bien hecha, no tiene por qué ser más alienante que el azar y la herencia. Lo que nos hace individuales no es el genoma, sino un tipo de genoma singular e irrepetible.

En definitiva, limitar nuestra capacidad de autodeterminación, sobre todo de nuestra integridad corporal, debe ser la excepción, ya que precisamente es en esta capacidad de crearse a sí mismo, de ser individual, donde reside la *dignidad del hombre*, su esencia diferenciadora. El hombre *actúa* por sí mismo y a su propio riesgo y el problema y la angustia ante la elección es el problema y la angustia ante la vida entera.

En este sentido, la acción, la decisión, no es sólo una capacidad singular de los humanos, sino una necesidad esencial de la que depende nuestra supervivencia como individuos, nuestra «categoría» como persona. Podemos elegir cómo y cuándo actuar, pero es forzoso actuar, en este campo no hay elección posible: o eliges, o eligen. Lo humano del ser humano no es la herencia, sino la capacidad de decidir.

Entonces, la libertad de la que hablamos, la soberanía personal ante un tratamiento médico, el *consentimiento informado,* la autonomía como condición humana, como el *alma*, la voluntad libre, independientemente de cómo se ejerza, esta voluntad reflexiva que dice «depende de mí», significa que una persona tiene la condición y en general la capacidad y el derecho a disponer de las posibilidades materiales reales de opción, de elección que la vida le ofrece.

Por tanto, limitar la capacidad de autodeterminación, en cuanto facultad del individuo para decidir por sí mismo lo que le conviene, en relación con su cuerpo y con su mente, debe ser la excepción, ya que precisamente es en esta capacidad de crearse a sí mismo, de ser individual, donde reside la *dignidad del hombre*, su esencia diferenciadora, el alma entendida como Platón[1].

Ciertamente, cuesta definir este ámbito humano de libertad, que viene enmarcado por la *autonomía* y que aumenta vertiginosamente a medida que aumentan las posibilidades médicas y bioéticas. La *autonomía* es el presupuesto para actuar, para elegir, lo que nos hace personas. Estamos programados en cuanto *seres,* pero no en cuanto *humanos*.

Por eso no se entiende muy bien la seguridad con la que el TC se inclina por la *primacía absoluta de la vida*, no sólo del derecho a la vida del artículo 15 de la Constitución, de la vida frente al exterior, frente a los demás, con la que estamos absolutamente de acuerdo, sino de la vida, de la existencia biológica, identificando ambas realidades cuando son bien diferentes[2].

---

[1] Platón. *Las leyes*. Edición bilingüe. Instituto de Estudios Políticos. Madrid, 1960. Tomo I, p. LXVI. En la misma página se lee: *«el alma es anterior y superior al cuerpo»*.

[2] STC 48/1996, de 25 de marzo, define la vida como derecho absoluto que actúa de soporte existencial de cualesquiera otros derechos, no pudiendo verse limitado por pronunciamiento judicial alguno ni por ninguna pena. STC, 53/1985, sobre el aborto.

¿A qué se refierere el TC cuando dice «vida en su dimensión objetiva», a la vida humana o a la vida biológica? ¿Cómo encaja en la Constitución ese principio, esa *primacia de la vida como presupuesto ontológico* que mezcla el derecho a la vida humana y la vida biológica como presupuesto para la existencia? ¿Cómo encaja la *vida* en el conjunto de valores y derechos establecidos en nuestra Constitución? No es *obvio* que el principio general principal, central de la Constitución haya de ser la *vida* y no la *autonomía individual, la libertad.*

No es lo mismo el *derecho a la vida* que mi *vida.* Se puede y debe defender la vida frente al exterior ilimitadamente, pero no se puede regular jurídicamente, imponer a toda costa la existencia. El Derecho regula la vida humana, pero materialmente no puede regular el uso que una persona capaz haga de su vida biológica, si con ello no afecta a los derechos de los demás, por eso no se puede prohibir el suicidio, porque el Derecho no llega, no puede regular la *existencia.* Además, el juicio moral que suele hacerse del suicidio suele estar en relación con la motivación: se rechaza el que se basa en el egoísmo y se exalta el realizado por una causa heroica que aplaude la sociedad. Aquiles lo sabe, dispuesto a morir en combate, como lo supo Sansón, que eligió morir derribando el templo repleto de filisteos.

En definitiva, para el *ser-humano* tan esencial es la vida biológica como la vida humana, porque la vida es necesaria para *ser*, pero la *autonomía individual* es necesaria para poder *ser humano*, para poder ser persona, para actuar libremente que es de lo que se encarga el Derecho democrático, de lo que jurídicamente podemos hablar. Esta capacidad de autodeterminación es lo que nos diferencia, es como el «alma» de Platón, lo que nos permite ser humanos y ser humano es poder estar abiertamente disconforme, es responsabilizarnos decidiendo sobre nosotros mismos.

Para entenderlo de un modo realmente práctico: todos queremos lo mismo, ser lo que podemos ser, pero todos tenemos posibilidades y el derecho a quererlo y procurárnoslo de distinto modo, por distinta vía, y ello, en el ámbito de la medicina, es lo que debe venir garantizado por el instituto del *consentimiento informado.* Porque tampoco en medicina existen cosas verdaderas. La verdad en medicina también es, en gran medida, coincidencia y *acierto.*

Entonces, ¿Qué es una enfermedad? Y más a fondo ¿el juicio que importa sobre la salud de cada uno es el propio o es el de los demás? Porque en el ámbito sanitario hay otro peligro, una cierta tendencia a descargar a los individuos de sus responsabilidades cargándolas a la cuenta del *sistema social*, a la influencia negativa de los medios u otro tipo de patologías. Es preferible padecer una enfermedad que asumir un vivir.

Es mejor un cleptómano que un ladrón. La sociedad medicalizada ofrece convertir en adicción o trastorno inducido cualquier transgresión de las normas tradicionales. Son teorías que nos consideran libres para hacer el bien, pero incapaces cuando actuamos mal. El bien lo hacemos queriendo, pero cometemos el mal obnubilados por las circunstancias, y en este contexto es conveniente no olvidar que tan negativo para la libertad es negarla como ignorarla.

Defender la *autonomía, la libertad de elección del tratamiento médico,* es defender que una persona pueda elegir incluso el mal. Puede hacerlo porque quiere, pero precisamente por este querer libre debe asumir las consecuencias físicas y jurídicas de su decisión.

No se puede prohibir todo aquello de lo que uno pueda abusar. El ejercicio del derecho a la vida o a la intimidad, a la libertad en el ámbito de la medicina puede traer buenas y malas consecuencias; de lo contrario, no sería una libertad individual. Así, uno puede abusar de su privacidad hasta el extremo de arriesgar su vida, y no hay nadie con legitimación suficiente para obligarle o forzarle a hacerlo de otra forma, es la libertad de que nadie, que no sea uno mismo, decida o imponga coactivamente lo que hay que hacer para conservar la salud, para seguir viviendo o para escapar del peligro.

Por ejemplo, en defensa de la dignidad nadie está autorizado a colaborar decisivamente en la muerte de otro, porque el derecho a mi vida puede y debe ser un límite absoluto para los demás, frente al exterior, y precisamente por eso el alcance del derecho a la vida en la Constitución española no permite la disposición libre de la vida de otro a partir de su simple consentimiento porque, se mire como se mire, en esta clase de actuaciones el tercero lesiona el derecho a la vida de otro, protegido por el artículo 15, que impide de una forma absoluta, intangible, que un tercero pueda provocar activamente la muerte a otra persona aunque ésta así lo solicite. Pero por esta misma razón el Art. 15 no puede prohibir la disponibilidad real que cada uno tiene de su existencia, de la vida biológica. La defensa del derecho a la vida no es un instrumento válido para prohibir el suicidio, que es un hecho que está más allá del derecho.[3]

Por eso, resulta jurídica y moralmente sencillo justificar la intervención de terceros para paliar, con tratamientos sedantes, el estado de un enfermo terminal que así expresamente lo solicite, porque la finalidad no es provocar la muerte sino evitar el dolor, o interrumpir un tratamiento que le mantiene en vida artificialmente, o la denominada limitación terapéutica, porque con tal actitud se defiende la dignidad del paciente, su forma de vida e incluso su integridad.[4]

Por ejemplo, ingresó en el hospital Gregorio Marañon de Madrid una joven de 28 años, hija única, con un brillante historial académico. El diag-

---

[3] Recientemente el Comité Autonómico de Ética de la Junta de Andalucía consideró que retirar a petición de la enferma el respirador artificial que la mantenía con vida es una limitación del esfuerzo terapéutico reconocido como derecho en la Ley española de Autonomía del Paciente. Yolanda Gómez, *El Derecho a la reproducción humana*, Marcial Pons, Madrid, 1994.

[4] En este sentido, en las unidades de cuidados intensivos de nuestros hospitales, se toman diariamente decisiones jurídicamente difíciles, que no pueden recaer como hasta ahora, casi exclusivamente en el criterio subjetivo del médico. Rovira Sáenz, G. y Remedios Viñas, *Revista Médica*, ob. cit., pág. 29.

nóstico no ofrecía dudas, una meningitis que en pocas horas le provocó el fallo multiorgánico. Tras someterla a una sedación profunda, los médicos lograron por fin estabilizarla. Se planteó entonces la terrible decisión: para salvarle la vida había que amputarle los brazos y las piernas. Como la enferma estaba inconsciente, pidieron el consentimiento para la intervención a los padres, que lo negaron tajantemente. El equipo debatió en profundidad el caso y algunos de sus miembros defendían que continuara con el tratamiento. Los doctores acordaron pedir el veredicto al Comité de ética que, con el mejor criterio, decidió respetar la decisión de la familia.

Es interesante el estudio que realizó la Sociedad española de Neonatología en el 2002, según el cual había una variabilidad del 86% en la aplicación de la *limitación terapéutica* según sea la zona y el hospital y ello demuestra la debilidad de la regulación jurídica de la garantía del *consentimiento*. Si alguien tiene un hijo con malformaciones congénitas, por ejemplo un bebe muy prematuro, en un hospital remiso a aplicar la limitación tiene muchas posibilidades de volver a casa con un bebé altamente discapacitado física y mentalmente, un bebé que sufre.[5] Y ello es una situación que el Derecho tiene que regular de forma más clara y precisa porque este tipo de decisiones médicas jurídicamente difíciles, sin normas y procedimientos claros que las orienten, no pueden recaer, como hasta ahora, casi exclusivamente en el médico de las unidades de cuidados intensivos de nuestros hospitales.

Un ámbito en el que el «imperativo tecnológico» y el *furor curandi* puede hacer estragos es el de los neonatos. Como comenta el Dr. F. Omeñaca[6],

---

[5] F. Omeñaca es Jefe del Departamento de neonatos del Hospital de la Paz de Madrid y profesor de la Facultad de Medicina de la Universidad Autónoma de Madrid. Ver su trabajo «Aspectos sociales de la prematuridad», *II simposium Ferring Obstetricia,* Valencia 30 de septiembre-1 de octubre de 2005.

[6] F. Omeñaca, «Aspectos sociales de la prematuridad», *II simposium Ferring Obstetricia,* Valencia, 30 de septiembre-1 de octubre de 2005. Teresa Freixes, *La Orden Europea de Protección*, Tecnos, Madrid, 2015

cada vez se salva la vida a niños más prematuros, pero muchas veces a costa de dejarlos de por vida con terribles secuelas. Los pediatras son muy conscientes de este problema y por eso la limitación del esfuerzo terapéutico es cada vez más solicitada.

En otros casos, los médicos de la Seguridad Social se encuentran con la actitud de determinados pacientes que se niegan a recibir las trasfusiones prescritas por los facultativos. Dichos enfermos fundamentan su negativa en el derecho a la autonomía y responsabilidad individual. Argumentan que forzarles a un determinado tratamiento lesiona su derecho a la integridad física y psíquica, a la libertad ideológica, religiosa y de culto, a la vida privada y, en definitiva, a su intimidad ya que, como el propio TC ha tenido ocasión de señalar, la protección dispensada por el Art. 18.1 CE. alcanza incluso a la *intimidad corporal*, que implica que las intervenciones pueden también conllevar, no ya por el hecho en sí de la intervención, sino por razón de su finalidad, es decir por lo que a través de ellas se pretenda averiguar, una intromisión en el ámbito constitucionalmente protegido del derecho a la privacidad.

Otra discusión es concretar hasta cuándo tiene validez la voluntad del paciente, es decir, en qué condiciones se considera válida y eficaz la negativa al consentimiento de un tratamiento salvador, y esto nos conduce de lleno a determinar cuándo la voluntad de una persona tiene validez en momentos posteriores.

Un caso muy discutido, como recordarán, fue el de una paciente de Florida con graves daños cerebrales cuyo marido consiguió la autorización para que le retiraran la sonda de alimentos. Según parece, la paciente antes de caer en su estado vegetativo manifestó repetidamente que en parecidas circunstancias a las sufridas, renunciaba a la vida. Caso complejo: había que decidir si jurídicamente podía considerarse la sonda alimenticia como tratamiento y también si la voluntad manifestada por la paciente era valida[7]. Al final el Tribunal Supremo de USA permitió que se le aplicara la limitación terapéutica mediante la retirada de las sondas[8].

Recientemente el Comité Autonómico de Ética de la Junta de Andalucía consideró que retirar a petición de la enferma el respirador artificial que la mantenía con vida es una limitación del esfuerzo terapéutico reconocido como derecho en la Ley española de Autonomía del Paciente.

Pero en nuestro país los propios médicos denuncian que en no pocas ocasiones los enfermos terminales mueren en nuestros hospitales con el suero puesto y esperando una analítica o entubados en un servicio de urgencias. Es el denominado *imperativo tecnológico, furor curandi o encarnizamiento terapéutico,* aunque los expertos en bioética prefieren la expresión *obstinación terapéutica.* Impresiona lo que puede llegar a hacerse para mantener a un paciente con vida. Los avances en medicina y en biotecnología permiten intervenir cada día con más éxito en la creación de la vida y en la planificación de la muerte. Pero estas medidas tecnológicas de soporte vital no tienen un beneficio terapéutico directo, su objetivo es restablecer funciones orgánicas, pero cuando el deterioro orgánico es irreversible mantenerlas sin el debido consentimiento sólo significa prolongar la agonía artificialmente de forma deliberada y significa, por tanto, dar un trato inhumano, degradante, vejatorio, que implica sufrimiento sin ningún fin curativo que lo justifique.

¿Cuándo hay que desconectar? Excepto en los casos de muerte cerebral, no hay acuerdo suficiente entre los profesionales sobre cuándo hay que desconectar. La decisión indudablemente es médica, pero también y funda-

---

[7] STC 120/1990.

[8] «*"Cuando el equipo llega a la conclusión de que no hay salida, es el momento de empezar a desconectar. La situación más dramática se produce en los casos de pacientes jóvenes que llegan con politraumatismos severos y el equipo lucha denodadamente por salvarles, pero lo único que consiguen es que queden en un estado vegetativo. Cuando luchamos es porque estamos convencidos de que lo podemos rescatar"», sostiene Teresa Tabullo, internista del mismo hospital*». Extraído del artículo «Atrapados en la tecnología». Diario *El País,* 31 de mayo de 2005.

mentalmente es jurídica y cuando hablamos de decisiones jurídicas estamos diciendo que la decisión este fundamentada en el Derecho y para ello este debe ser claro y seguro, ya que en esta clase de decisiones están implicados, nada más ni nada menos, que los más fundamentales derechos de la persona.

En nuestro ordenamiento jurídico penal ni siquiera está tipificada la realización de un *tratamiento médico arbitrario*, un tipo específico dentro de los delitos contra la libertad, es decir, aquella actuación realizada sin consentimiento y que afecte a los derechos fundamentales del paciente. La falta de consentimiento solo está penalizada en los casos de lesiones y los atentados contra la libertad personal cuando vienen provocados por amenazas y coacciones, y también la detención ilegal, incluso el secuestro, pero todos ellos exigen voluntariedad, dolo, es decir, que lo que se pretenda por el médico no sea la aplicación de un tratamiento sin consentimiento, sino el propio secuestro o detención ilegal.

La lesión no se reduce exclusivamente en los casos en que exista daño o riesgo para la salud, sino que el derecho resulta afectado por «toda clase de intervenciones» en el cuerpo que carezcan de consentimiento de su titular, y ello exige una adecuada y proporcional consecuencia jurídica, que en ocasiones debe tener naturaleza penal.

En definitiva, y en tan sólo una década, jurídicamente todo ha cambiado, pero en relación con los derechos del enfermo no se ha avanzado lo suficiente. Todo ha cambiado porque el *consentimiento informado* está reconocido a todos los niveles y pocos se atreven a seguir defendiendo los postulados de una actuación médica benefactora o paternalista. Pero al mismo tiempo poco se ha avanzado, porque en muchas ocasiones el *consentimiento informado* se ha reducido a un requisito formal. Todavía no se acepta fácilmente que en una actividad científica, profesional, como la medicina, los derechos fundamentales del paciente se impongan al criterio profesional.

La decisión sobre un tratamiento o actuación médica es una cuestión que compete decidir exclusivamente al paciente y a la que el médico debe contribuir a despejar mediante información y formación. Lo que se comparte es la información, pero no la decisión. No se trata de decidir con el paciente o por el paciente, se trata de que éste pueda realmente optar libremente, elegir a partir de la correspondiente información, con conocimiento y formación, superando definitivamente la creencia en la superioridad del juicio técnico, científico del profesional, que hunde sus raíces en aquella idea tradicional de la ciencia como verdad inalcanzable para la mayoría.

Los derechos fundamentales a los que nos estamos principalmente refiriendo vinculan a los médicos y al personal sanitario, porque disponen de un *efecto de irradiación,* no sólo en el ámbito del derecho público, sino también en el derecho privado. Los derechos fundamentales tienen tanto una efectividad vertical (frente a los poderes públicos) como horizontal (frente a los particulares). De esta forma, los propios derechos y los valores expresados en estos se constituyen también en límite de las actuaciones privadas, aunque con diferentes estándares y exigencias. Son derechos que vinculan a todos y que, por tanto, tienen eficacia en las relaciones entre médico y enfermo, principio que se conoce también como de *eficacia horizontal* frente a terceros o entre particulares.

Lo cual no quiere decir que estos derechos constitucionales puedan ser invocados para eludir las obligaciones nacidas de relaciones jurídicas privadas entre el paciente, el médico y el centro sanitario. Pero tampoco pueden esgrimirse los principios que rigen dichas relaciones para impedir al paciente el ejercicio legítimo de sus derechos a la libertad, integridad o intimidad, etc.

En este sentido, y a partir de lo dicho, la Constitución, al reconocer el derecho a la libertad, a la integridad y a la intimidad frente a todos, reconoce implícitamente la garantía del *consentimiento informado* como el procedimiento para posibilitar la efectividad de los mismos en el ámbito sanitario.

¿Cómo debe ser el *consentimiento informado* en las decisiones sobre el uso de un embrión congelado o sobre su programación genética, o incluso en la optimización genética o curación genética? ¿Quién debe consentir? ¿Quién puede decidir por un paciente que todavía no existe?

Los primeros pasos han provocado ya una encendida discusión entre los portavoces de la ciencia organizada y las diversas iglesias, en lo que parece un retorno al viejo tema del «creer» y del «saber», a la oposición de razones seculares frente a razones religiosas que reclaman que el óvulo fecundado fuera del claustro materno tenga el estatus de portador de derechos humanos.

Pero la mejora de las expectativas de vida es algo que necesariamente hay que considerar y ello justifica el uso y la experimentación con óvulos fecundados. La manipulación de óvulos fecundados, sobre todo si está bien hecha, no tiene por qué ser más alienante que el azar y la herencia, porque lo que hace a las personas individuales no es el genoma, sino un tipo de genoma singular e irrepetible. Ahora bien, es necesario vigilar y controlar meticulosamente el mercado de óvulos y de su manipulación genética.

¿Pueden los padres sustituir el *consentimiento informado* del futuro ser para que se le manipule un determinado gen o para que sea adoptado diez años después de ser congelado? Partiendo siempre de que en la selección de embriones se seleccionan geno-tipos, no niños, y que estas terapias no modifican la naturaleza, no son algo anti-natural. El virus de la viruela era parte del orden natural hasta que fue extinguido y no nos lamentamos por ello. La evolución humana, por suerte, no ha terminado.

Además, todo lo que sea posible será hecho por alguien en algún lugar, en algún instante, porque los hechos no pueden ignorarse, aunque deben regularse, dirigirse, limitarse y en su caso prohibirse, pero no es deseable ni tenemos la capacidad de hacer que dejen de existir por muy preocupantes que sean, para algunos, las amenazas. El derecho no puede impedir la selección o incluso la modificación de embriones, lo que puede/debe hacerse es regularla, orientarla, controlar su uso con el Derecho y el poder del Estado, ya que el Derecho, como la virtud, es una invención nuestra. Por eso los derechos son históricos y no verdades eternas, nacen gradualmente, en determinadas circunstancias, y suponen el mínimo esencial y necesario para que cada uno elija sus diferencias.

Pronto será fácil obtener células para clonar, es decir, para sacar una célula «gemelo» de una persona ya viva. Lo preocupante y jurídicamente complicado es pensar cómo se garantiza el conocimiento y el consentimiento. Además la clonación, por ejemplo, fabrica embriones sin *concepción*, igual que los denominados pre-embriones (para no llamar embriones a lo que se congela) que en todos los casos, en los primeros días, son un grupo de células iguales a otras de nuestro cuerpo, pero con un potencial distinto, y precisamente esto es lo que justifica una regulación diferente, pero ¿con qué grado de concreción y de prohibición hay que hacerlo?

Otro problema jurídico que habrá que plantearse y resolver con urgencia es determinar claramente, por razones de seguridad jurídica, en qué momento empieza la vida humana, la vida racional, en qué momento se es persona y con ello titular de los derechos fundamentales que reconoce la Constitución. Santo Tomás de Aquino dijo que empieza a las seis semanas del nacimiento para los niños pero trece para las niñas, antes de este momento los embriones se consideraban parte del cuerpo de la madre.

En definitiva, que la terapia genética con embriones o células madre no tiene nada que ver con la cría de humanos, ni con las medidas de carácter eugenésico. Puede resultar algo exagerado, como propone Habermas, llamar de la misma forma a las intervenciones genéticas terapéuticas, que evitan males, y a las perfeccionadoras de la naturaleza humana, realizadas a costa del individuo. La eugenesia es un programa de mejoramiento de una determinada raza. Por el contrario, la mejora que se procure cada uno mediante manipulaciones genéticas o cirugía estética es algo que está protegido por nuestras facultades de autodeterminación.

La concepción al modo tradicional ya no es el único modo de dar inicio a la vida, a la existencia, y esto provoca, además, la transformación de la categoría de padre y madre. La madre que hace un hijo clon no sería realmente la madre, sino la hermana genéticamente gemela, y los posibles hijos del hijo clon, serán también hijos genéticos de la madre, que por tanto no será exactamente su abuela. Por otra parte, el hecho de que sea igual genéticamente, que tenga los mismos genes, no quiere decir que el clon vaya a ser lo mismo. Pero ello, la actual formulación del *consentimiento informado* no resulta suficiente para proteger a las futuras personas modificadas genéticamente, ni tampoco se aplica correctamente en los casos de los embriones adoptados, como ha ocurrido hace unos meses en Barcelona, donde ha nacido el primer bebé de un embrión adoptado tras permanecer congelado siete años sin que de ello tengan conocimiento los padres biológicos. En todos estos casos, parece lógico que el Estado tenga un protagonismo y control mayor, sobre todo para proteger los futuros derechos del no nacido y evitar los abusos.

En definitiva, el *consentimiento informado*, en esencia, consiste en elegir y decidir. Y elegir es conjugar adecuadamente *conocimiento de nuestro estado, imaginación de cómo podría ser éste después de la actuación médica propuesta y decisión en el campo de lo posible*. La ignorancia y la fuerza vician la voluntariedad de la acción, ya que sólo podemos hacer lo que sabemos, aunque nunca sepamos del todo lo que hacemos, y si hubiéramos sabido más y mejor seguro que habríamos actuado de otro modo.

Es decir, que en la elección del tratamiento médico uno de los problemas es la falta de coraje, el otro el creerse ignorante e imposibilitado de comprender el tratamiento propuesto, y para que ello no ocurra, no solamente se necesita información, sino un cierto adiestramiento, una educación que nos prepare para dirigir nuestra propia vida en momentos tan esenciales. Educarse, prepararse para la deliberación, que siempre implica que el rumbo nunca está necesaria e inamoviblemente determinado. Que supone plantear y rectificar planes, pero jamás sufrir de manera inexorable un destino sobre el que no cabe discusión, porque siempre habrá elementos para la decisión y elección. Resulta, pues, que el arte de decidir y elegir el tratamiento deberá ser parcialmente aprendido, enseñado, por eso la información que facilite el médico al paciente debe ser comprensible, con un lenguaje llano, sencillo, con ejemplos que le permitan tomar conciencia de lo que le proponen y de sus consecuencias.

En definitiva, el paciente no puede ignorar al menos eso, que ignora, y comprender que esta situación frustrante no es transitoria, ni singular, que hay que exigir conocer y saber antes de decidir, pero que la masa de la ignorancia sobre los tratamientos que nos proponen, en cualquiera de los casos, no disminuirá de modo perceptible ni de forma relevante, por mucho que se aplace.

Por eso, llamamos *acto voluntario* no al que concuerda plenamente con nuestros deseos, gustos o expectativas, sino al que menos nos disgusta en un contexto práctico irremediable que no hemos podido elegir y dentro del cual exigimos que se nos informe detalladamente de las alternativas. Si no disponemos de la adecuada información y conocimiento de lo que se nos propone, el consentimiento no puede ser calificado de voluntario. Y para ello, para una decisión libre, también resulta un inconveniente una excesiva actitud de persuasión del médico, persuasión que no tiene nada que ver con la información completa de las alternativas y consecuencias. Lo que no resulta aceptable es que, en base a su dominio de la ciencia y del lugar, el profesional intente persuadir, convencer científicamente al paciente de aquello que considera mejor.

También es un inconveniente el énfasis en determinadas informaciones, porque el énfasis distorsiona por exceso de intensidad, anula las proporciones, desvirtúa la escala humana. El énfasis hace a las cosas e informaciones médicas irreconocibles, las deforma. Conocemos y sabemos lo que nos están diciendo, pero de un modo tan enfático que ya no podemos estar seguros de saber sus proporciones, sus dimensiones, sus riesgos, sus posibilidades. El énfasis necesita poner mayúsculas a todo lo que no las necesita.

De modo que la libertad de acción y elección de un tratamiento médico está marcada por estas dos constricciones irremediables: los *conocimientos* sobre las posibilidades, opciones, previsiones, alternativas y la *incertidumbre*. Nunca se sabe todo, nunca se está seguro ni se sabe lo suficiente, y con absoluta certeza sabemos que no podemos predecir lo imprevisible, pero necesariamente, inevitablemente, llegado el momento hay que decidir, actuar, arriesgar, sea cual sea la información de que se disponga, porque determinados tratamientos no pueden esperar.

Por tanto, la voluntariedad, la libertad en la decisión, no sólo es el requisito esencial, sino el objetivo mismo del *consentimiento informado*. Dicha libertad desaparece cuando no hay consentimiento o este se emite con alguno de los llamados *vicios de la voluntad*, que en derecho privado son la violencia, la intimidación, el dolo y el error, y que penalmente se corresponden con la amenaza, la coacción y el engaño.

DERECHO A LA INTIMIDAD[1]

PRIVACIDAD, INTIMIDAD? Por qué este interés y preocupación. Quizá su explicación esté en los cambios que se han producido y se están produciendo en los Estados democráticos desarrollados, cambios tanto de estructura como de fundamentos. Es posible que los ciudadanos en estos Estados desarrollados, una vez aseguradas las estructuras democráticas y un cierto nivel de vida, empiecen a dejar de preocuparse por el Estado y la sociedad y se preocupen por ellos mismos, es decir, dejen de preguntarse por lo que deben hacer y se pregunten por lo que son y quieren ser. Es posible que este cambio de escalas y entusiasmo nos esté conduciendo a una necesaria adaptación, evolución del Estado de Derecho en el camino de perfeccionamiento y adaptación que siempre lo ha caracterizado.

Es sabido que a medida que se desarrollan las sociedades democráticas se reestructuran los objetivos de sus instituciones y de los derechos fundamentales que las justifican. A medida que se consolidan sus instituciones y se asegura una digna cantidad de vida, la sociedad y el Estado pierden interés y aumenta la preocupación por uno mismo; así opera el proceso de

[1] Escrito presentado en el primer encuentro entre el Defensor del Pueblo y el Proveedor de Justicia. Lisboa, 14 y 15 de octubre de 1991. *Revista de Estudios Políticos*, núm. 77, 1991.

concretización de los derechos y libertades fundamentales y así puede operar el nuevo modo de orientarse la sociedad preocupada por conseguir el mínimo de coacciones y el máximo de elecciones privadas posibles, con la mínima austeridad y el máximo deseo, con la menor represión y la mayor comprensión posible.

En este contexto las instituciones y los derechos dejan en parte de tener un sentido por sí mismos y se adaptan a nuevas motivaciones. Motivaciones que instan a la participación, a la habilitación de tiempo libre, motivaciones fundamentales en el respeto de las diferencias y en la liberalización personal del hombre, es decir, los derechos y su garantía. Las instituciones parecen tener mayor sentido en la medida en que garantizan la autonomía del individuo.

Ante esto, la vida política ya no puede consistir, como ocurre en los Estados sociales de Derecho, en sumergir al individuo en reglas uniformes, leyes homogéneas y universales en aras del desarrollo de la consolidación del Estado democrático. Esta desgraciada imagen rigorista de la libertad está dando paso a nuevos valores que impulsan el nuevo despliegue de la personalidad íntima, el reconocimiento de las peticiones individuales; en definitiva, se están modelando los derechos y las instituciones en base a las aspiraciones de los individuos. Es decir, el Estado de Derecho se justifica hoy en la medida que permite realizarse personalmente, en la medida que asegura al ciudadano ser real y radicalmente libre.

El ideal de la subordinación de lo individual a lo colectivo, clásico del Estado de bienestar, está siendo pulverizado. Ya no se puede decir que el ejercicio de un derecho fundamental no puede alegarse para entorpecer un fin social que, por ser general, se dice es de rango superior, porque una afirmación como ésta, realizada sin ningún tipo de matizaciones, conduce hoy inevitablemente al sacrificio del derecho fundamental, a la libertad, a la vida privada y a la intimidad y, en definitiva, al sacrificio de todas las libertades públicas. Existen, ciertamente, fines sociales que siempre deberán considerarse de rango superior al derecho, por ejemplo, a la intimidad, pero ha de tratarse de fines sociales que constituyan en sí mismos valores constitucionalmente reconocidos, y la prioridad de este valor social debe salir de la propia Constitución, es decir, ha de ponderarse el fin social y el derecho fundamental, fin social que, en definitiva, pretende y es garantía de la libertad de todos.

No es conveniente entonces enfrentar, como a veces se pretende, el fin social, es decir, el Estado con el ciudadano, porque el hombre realmente libre sólo lo es en un Estado de Derecho desarrollado y fuerte, un Estado que interviene para asegurar que los derechos de cada uno sean compatibles con los derechos de todos. No hay en este sentido un cambio de forma de Estado ni del sentido y alcance de los derechos fundamentales, sino que hay una evolución que puede producir una nueva conquista, un perfeccionamiento, de manera que al pluralismo político, social y económico, característico del Estado de bienestar, añadimos, o deberíamos añadir, el pluralismo moral, la tolerancia, la diversidad, y en esta nueva etapa en la evolución que caracteriza la democracia, el Estado sigue teniendo posiblemente más que nunca la obligación de intervenir para asegurar estos nuevos valores, removiendo los obstáculos que impidan o dificulten la realización personal, la vida privada a todos los ciudadanos, no a los más fuertes, no a los privilegiados, sino a todos, y para ello la intervención del Estado sigue siendo imprescindible.

De esta forma, el valor predominante, la finalidad y objetivo que fundamenta estas nuevas inquietudes es el respeto a la singularidad subjetiva, es decir, el derecho a la vida privada, que no es más que el derecho a ser íntegramente uno mismo. La libertad deja así de estar circunscrita a lo económico, a lo político o al saber, para instalarse en las costumbres, en lo cotidiano, en la vida personal en base al reconocimiento del pluralismo no sólo político, social o económico, sino también, y por primera vez, el pluralismo moral. La libertad empieza a ser la posibilidad garantizada por el Estado de elegir cada uno cómo desea vivir. Vivir libremente sin la presión de modelos establecidos o impuestos, sin héroes ni mártires, sin misiones históricas, escogiendo íntegramente el modo de existencia que cada uno desea. Este es el hecho social y cultural más significativo de nuestro tiempo, la aspiración y el derecho más legítimo, y de ahí que el derecho a la intimidad, el derecho a un ámbito personal totalmente libre sea objeto de interés porque tiende a engrandecerse, y de ahí también la preocupación de teóricos y juristas por concretar y garantizar esta esfera.

Podemos decir, y es pacífico en la doctrina más asentada afirmar que el derecho a la intimidad y el derecho a la vida privada es una concreción del derecho a la libertad, concreción que no sólo se reconoce en los textos constitucionales y en las declaraciones, sino que tiene antecedentes mucho más remotos, si no en todos, sí en gran número de países y ordenamientos jurídicos. Por ejemplo, en España uno de los derechos mayormente reconocidos incluso durante la Edad Media era el de la paz en casa, el derecho a que nadie entrara en una casa sin consentimiento del dueño con la finalidad de asegurar su privacidad. Con la positivación del derecho a la intimidad o a la vida privada lo que se pretende es asegurar en mayor medida este ámbito privado, un ámbito de la persona en el que no se pueda intervenir, es decir, un ámbito en el cual la soberanía sobre el mismo es exclusivamente del titular del derecho. Ésta es su razón de ser aunque, como todo derecho, tiene sus límites. Límites que los podemos concretar en el mismo derecho de los demás y en la preferencia o prevalencia en algunos casos de bienes constitucionales protegidos, como puede ser el de la seguridad.

No obstante, el derecho a la intimidad y el derecho a la libertad del individuo en su ámbito de vida privada ante el desarrollo tecnológico (comunicación, informática y medicina) está generando formas, procedimientos y técnicas que permitan incidir en este ámbito de soberanía individual, sin que sea en muchos casos perceptible la intromisión y en otros que sea difícil probar, con las garantías que en general tiene el derecho, que se ha afectado o lesionado esta libertad fundamental. Es decir, está ocurriendo que la formulación del derecho a la intimidad, con sus garantías y con sus límites, es insuficiente para prevenir las lesiones que a este derecho vienen por parte de las nuevas tecnologías[2].

Ante eso, los juristas han intentado y están intentando concretar este ámbito, ya sea desarrollando a partir de él nuevos derechos o introduciendo nuevos caracteres, nuevas garantías y nuevos límites que permitan hacer frente a estos nuevos medios, limitándolos y prohibiéndolos cuando se abuse de ellos.

Así, en los últimos códigos constitucionales europeos se han concretado los límites al derecho a la intimidad en relación con la informática como forma de afrontar jurídicamente una situación que puede plantear, de no controlarse específicamente, uno de los peligros más sutiles y más graves en relación con nuestra vida privada, peligro propiciado por la dificultad de controlar la información y el uso que se haga de sistemas informáticos tan sofisticados.

Ya se advirtió ese peligro en Estados Unidos con motivo de los famosos bancos de datos, que desde entonces han cobrado mayor importancia, hasta el punto de haber sido incluido en las constituciones portuguesa y española y ser una preocupación constante tanto en el ámbito interno como internacional. De no limitarse y regularse el uso de estos medios tan sofisticados, el derecho fundamental a la intimidad podría quedarse en un mero formulismo, dado que la intromisión de estas tecnologías en el ámbito privado llegaría a eliminar realmente la intimidad y como resultado afectar al derecho a la liber-

[2] *Cfr.* Antonino de la Cámara, Mar, «Transparencia y derecho de acceso a la información *vs* protección de datos», *Revista internacional Transparencia e integridad*, n.º 4, mayo-agosto, 2017.

tad y a la igualdad de los ciudadanos, porque la acumulación de información con desconocimiento del afectado permitiría, por ejemplo, al final, seleccionar y clasificar a los ciudadanos en función de sus inclinaciones y preferencias.

También los nuevos avances en la medicina, con intervenciones que pueden hacer sobrevivir a una persona en circunstancias excepcionales, pueden afectar al contenido del derecho fundamental a la intimidad, haciéndose necesaria, cada vez en mayor medida, la concreción de los límites y de las garantías que deben informar toda actuación médica en relación con las creencias o intimidad del ciudadano.

En algunas ocasiones se ha dicho que la obligación social del Estado de preservar los derechos fundamentales de los ciudadanos justifica que se intervenga, aun en contra de la voluntad del mismo, para asegurar su salud y, por tanto, su libertad al margen de la voluntad del propio individuo. Es decir, la salud, la vida y la libertad, y en general los derechos fundamentales, se transforman en bienes no sólo individuales, sino también sociales, que el Estado debe asegurar, aun a costa de lesionar o incidir en el derecho a la vida privada, el derecho a la intimidad. Claro está que en este caso estamos tratando no sólo el derecho a la vida privada, sino también el derecho a la vida y, por tanto, estamos incidiendo en la relación que se da entre vida y vida privada.

Como presupuesto general, creo que no es posible separar la dimensión social de un derecho de su dimensión individual; en mayor medida en aquellos derechos fundamentales cuyo ejercicio es personal e indelegable. La libertad y el derecho a la vida es presupuesto de todos los demás derechos y en base a los mismos, y a la defensa que debe hacer el Estado, no se puede prohibir todo aquello de lo que uno puede abusar. El ejercicio del derecho a la vida y a la vida privada puede traer buenas y malas consecuencias; de lo contrario, no sería una libertad individual. Así, uno puede abusar de su privacidad hasta para obligarle o forzarle a hacerlo de otra forma. La libertad, y, por tanto, sus concreciones (derecho a la vida privada), suponen el derecho a la autonomía del individuo para tomar por sí solo las decisiones que mejor le convengan, siempre que no estén en juego derechos fundamentales de terceros o bienes y valores constitucionales, es decir, sin daño o menoscabo de los demás. El derecho a la vida privada o a un ámbito de la vida privada es la autonomía, la libertad de que nadie que no sea uno mismo decida o imponga coactivamente lo que tengamos que hacer para conservar la salud, seguir viviendo o escapar del peligro. Visto así, el deber del Estado de asistir y ayudar a los enfermos, de velar por su seguridad y vida es garantizarle también su ámbito de libertad, es decir, garantizarle el ejercicio de aquellos derechos de los que sigue siendo titular. La necesidad de velar por la salud de los ciudadanos no permite considerar a todo enfermo como incapaz, y menos a aquél que se niega explícitamente a seguir determinado tratamiento, aunque ello suponga riesgo a su propia vida.

El enfermo que tenga la pretensión de no curarse, no se cura; podemos intentar persuadirlo, convencerlo, incluso impedir por la fuerza que atente contra su salud cuando su capacidad de decisión libre está afectada, o sea menor de edad, pero imponerle con todos los medios a nuestro alcance un determinado tratamiento es cuando menos difícil, y éticamente creo que en una sociedad desarrollada y culta inconveniente, porque desde la libertad nadie puede cometer un delito contra sí mismo, nadie puede tampoco ni tiene derecho a salvarnos de nosotros mismos porque, estrictamente hablando, la cuestión no es cómo ser curado sino cómo deseamos vivir.

Para terminar, si entendemos rectamente el derecho fundamental a la intimidad, éste también consagra la libertad de las comunicaciones y, en definitiva, y de modo expreso, su secreto para velar por la autonomía del ciudadano en su ámbito de vida privada. Como garantía para poder realizar esta dimensión del derecho se consagra, por ejemplo, en nuestro Código Constitucional (art. 18.3) la interdicción de la interceptación o del conocimiento antijurídico de cualquier clase de comunicación ajena.

Se protege así tanto el proceso de comunicación como el mensaje en sí mismo, y puede decirse también que el concepto de secreto que aparece en el artículo citado no cubre sólo el contenido de la comunicación, sino también la identidad de los comunicantes o de los interlocutores.

Sea cual sea el ámbito objetivo del concepto de comunicación, la protección constitucional se dirige inequívocamente a garantizar la impenetrabilidad por terceros, sean públicos o privados, en la vida privada de uno, teniendo dicho derecho, por tanto, eficacia *erga hommes*.

Es más, no sólo se puede lesionar la intimidad cuando se interviene la comunicación, sino que quien entrega a otro la carta recibida, quien emplea durante su conversación telefónica un aparato amplificador de la voz que permita captar aquella conversación a otras personas presentes o quien escucha detrás de un tabique puede que no esté violando el secreto de las comunicaciones, pero de estas conductas puede deducirse también, y en ocasiones, una violación del derecho a la intimidad.

En fin, con estas aproximaciones no he pretendido, como es obvio, tratar exhaustivamente el alcance y significado del derecho a la intimidad en sus diversas manifestaciones, tan sólo son reflexiones, sugerencias, ideas escritas con la finalidad de contribuir a que la discusión que vamos a llevar a cabo sea lo más útil posible, evitando las referencias a los textos normativos que regulan este derecho en los países de nuestro entorno, con el ánimo de que estas reflexiones sean una primera aproximación al derecho en general, dejando para la discusión el comentario, por ejemplo, del Proyecto de Ley Orgánica, actualmente en discusión parlamentaria en mi país, sobre regulación del tratamiento automatizado de datos de carácter personal o las discusiones de la última conferencia sobre protección de datos, derechos del hombre y valores democráticos, organizada por el Consejo de Europa.

DERECHO DE PETICIÓN[1]

En realidad nos estamos refiriendo al antiguo derecho de petición, que nace al inicio de la Edad Media (en 1215 ya era práctica habitual en Inglaterra ejercer el derecho de petición ante el Rey) y se convierte en uno de los indicadores principales del progreso histórico, reconociéndolo hoy prácticamente todos los ordenamientos, si bien con distinto alcance. Consiste en la facultad de los ciudadanos de presentar solicitudes ante las autoridades, ya sean judiciales, administrativas o parlamentarias. Peticiones que pueden ser verbales o escritas y que puede realizar toda persona ya sea nacional o extranjera, física o jurídica, menor o mayor de edad.

Peticiones con la finalidad de manifestar algo, consultar o solicitar información o recurrir ante una actuación injusta o arbitraria. En este sentido una queja no es más que una petición que pone en conocimiento y solicita a las autoridades la modificación de una conducta irregular con la finalidad de que éstas le restituyan en su derecho. Peticiones y quejas que

[1] Lo escrito se corresponde esencialmente con la conferencia pronunciada en el marco del I Encuentro Internacional sobre Protección de los Derechos Ciudadanos, realizado en La Habana, del 6 al 10 de noviembre de 1995.

pueden dirigirse a cualquier órgano o institución y cuya naturaleza es dual, susceptible de ser utilizada tanto para satisfacer intereses particulares como necesidades generales, en definitiva, es un derecho de participación política. Generalmente la petición tiene connotaciones graciables y la queja de exigencia, pero no siempre es así.

Pues bien, pedir o quejarse es un derecho en prácticamente todos los ordenamientos, si bien con mayor o menor amplitud y concreción, con más o menos garantías, realmente o sólo formalmente.

Sabemos bien que no es suficiente con declarar o reconocer que toda persona tiene derecho a solicitar, pedir o quejarse por la mala práctica administrativa. No es suficiente con declarar un derecho para asegurar su protección. Sólo es posible la realización de los mismos si existen unas condiciones económicas, sociales, culturales y políticas que permitan a la persona conocerlos y saber cuáles son los caminos e instrumentos para hacerlos efectivos. Son necesarios niveles educativos y de igualdad acordes con la complejidad del momento y así, cuanto más desarrollada es una sociedad, más quejas se producen, cuanto más desarrollado es un Estado, más conflictos afloran para su más justa solución. La fortaleza de un Estado se mide precisamente por su capacidad para destapar los conflictos y resolverlos eficaz y justamente y sólo una sociedad débil oculta sus problemas porque no puede/sabe resolverlos. Sólo a una administración que no haga nada, nadie podrá reclamar nada.

Es una experiencia comprobada que allí donde hay administración, hay irregularidades, ineficacia y, por tanto, quejas de los ciudadanos. Que los ciudadanos estén disconformes con muchos aspectos de la administración en la que viven demuestra que es una sociedad abierta. Allí donde hay instrumentos y talantes para resolver estas quejas hay una administración que funciona bien y que la gente los utilice es señal de que tienen confianza y que, por tanto, participan. Es decir, un derecho vale lo que valen jurídicamente los instrumentos para defenderlo, garantías cada vez más necesarias porque cada vez es mayor el número de administraciones y ordenamientos que intervienen y regulan la vida diaria del ciudadano.

Qué duda cabe de que la sociedad ha sufrido y está sufriendo una profunda transformación acompañada por una presencia cada día más activa de la administración en la vida de los ciudadanos, intervención que puede modificarse pero no eliminarse. Desde la sanidad a la educación pasando por los transportes y las comunicaciones, la sociedad, como es su derecho reclama y seguirá reclamando cada vez más prestaciones que no son fáciles de atender individualmente. Lo cierto es que la sociedad de nuestros días, en términos generales, conoce una presencia activa e interventora de la administración pública no vista anteriormente. Intervención muchas veces necesaria para garantizar los derechos, a veces excesiva y que provoca un aumento de los errores y arbitrariedades, de la ineficacia de algunos servidores públicos en el ejercicio de sus competencias.

Esta intervención en los más diversos campos hace que el ciudadano se vea obligado a abrirse paso cada día ante un bosque no sólo de leyes, sino también de disposiciones nacionales e internacionales complejas y en algunos casos alejadas del fin que la justificó. Cada vez más en nuestras sociedades se elevan nuevas barreras y se abren fosos entre tales quejas y la realización efectiva de las mismas, entre las proclamaciones formales y la vigencia efectiva de los derechos, resultando agobiante esta relación continua de los ciudadanos con la administración, porque cada vez más estas relaciones están sustentadas sobre una estructura compleja, dispersa e indeterminada, que con excesiva frecuencia ignora en sus actuaciones lo que es la coordinación y cuyas decisiones llegan al ciudadano por las vías más variadas, en un lenguaje no fácilmente comprensible y casi siempre con un carácter imperativo difícilmente discutible para quien no sea un especialista en leyes o no tenga los medios económicos para conseguirlo.

Quien haya sufrido la experiencia de tener que desplazarse, por ejemplo, a una comisaría para formular una denuncia, y no hablemos de la mujer que lo haga para denunciar una violación, habrá sentido claramente en alguna ocasión lo que intento explicar. El solo hecho de tener que desplazarse y esperar en un lugar extraño y en las peores situaciones personales a que los servidores públicos te atiendan resulta, en más ocasiones de las debidas, difícilmente justificable.

Es evidente que la sociedad de nuestros días ha avanzado mucho con respecto a otras pasadas. Todos sin distinción somos titulares formales de estos derechos. Pero aún la relación administración-ciudadano no puede decirse que esté presidida por el principio de igualdad, de claridad, proximidad y eficacia sino por el principio de subordinación. Subordinación a otros intereses no siempre justificables, o unos intereses totales, que no persuaden y a menudo defraudan porque las grandes palabras están perdiendo peso.

Todo ello nos sitúa en no pocas ocasiones en un terreno de notoria inferioridad para incluso hacer valer o utilizar los instrumentos de defensa que el Estado de Derecho pone a nuestra disposición. Reconozcamos también que en muchas ocasiones los modernos Estados están más preocupados por las grandes decisiones políticas que de prestar atención directa a los problemas de sus gentes, que son problemas individuales aunque a veces sean generales. Que muchos administradores están más preocupados de dar un mal paso ante los ojos de una cámara de TV que de cometer cien errores de razonamiento o dejar de solucionar cien problemas de ciudadanos concretos.

Pero además esta distancia entre lo formal y lo real puede agravarse al encontrarnos ante un orden o desorden en donde impera la incertidumbre, el desconcierto y la desinformación.

Los Estados tradicionales que se mantienen aislados están en cierta forma perdiendo poder en servicios mínimos y ante esto la mejor defensa de las personas es la participación en la gestión de los asuntos colectivos conquistando autonomía personal, atreviéndose a pensar cada uno por sí mismo más allá de modas y mercados. Cada vez se admite menos que el Estado actúe y quiera por nosotros, cada vez hay menos personas que toleren que alguien pagado por ellos mismos le diga qué tienen que hacer o decir y tarde o temprano se rebelan frente a todos aquéllos que los quieren hacer felices a toda costa.

Esta actitud paternalista de la administración la he observado en muchas de las quejas que se han tramitado por el Defensor del Pueblo. Por ejemplo, es una práctica generalizada en nuestras prisiones, práctica además defendida como necesaria por la administración para velar por la salud y seguridad de los internos, exigir análisis a los presos drogodependientes cuando regresan al centro después de un permiso y sancionarles suprimiéndoles durante un tiempo estos permisos si el análisis da positivo en alguna de las sustancias consideradas como drogas. Esta sanción o castigo tiene un fundamento moral y terapeútico, la administración penitenciaria asume el papel de salvador del propio preso, de sus vicios legales y lo hace en contra de su voluntad y cuando está fuera de la prisión. Piensan sin ninguna clase de rubor que nadie mejor que ellos sabe lo que íntimamente les conviene.

En base a los mismos principios y argumentos debería también la administración penitenciaria prohibir que comiera en exceso o escalara una montaña de 5.000 metros sin medios ni preparación, bajo pena de sanción al regreso por tan temeraria acción. El resultado es que actualmente, aquí y allá, el interno drogadicto que no quiere o no puede someterse a un programa de rehabilitación (dado que estaríamos en otro supuesto) y fuera del centro, es sancionado quedándose sin permisos por realizar prácticas que no son ilegales. Es obvio que el drogadicto es drogadicto porque se droga y esta conducta, que no es aconsejable, nadie está legitimado en las condiciones señaladas para sancionarla.

En definitiva, que estamos en un mundo donde los cambios son instantáneos en un proceso de interrelación planetaria que está sustituyendo el principio de soberanía y cuestionando el principio de no intervención. Pero la administración sigue con sus viejos talantes y comportamientos terapeúticos y distantes de mitades de siglo, sin darse cuenta que estamos en un nuevo mundo.

Pero además los problemas actuales son demasiado globales y solamente pueden afrontarse prohibiendo menos y promoviendo más las adaptaciones necesarias para afrontar estos nuevos retos o las nuevas dimensiones con que se manifiestan los tradicionales porque los límites también fluyen.

Estas realidades exigen urgentemente nuevas legalidades renovando incluso la idea que tenemos del Derecho, que cada vez tendrá un carácter más internacional y lo que es más importante y difícil, nuevos comportamientos. Lo cierto es que ante estos cambios el ciudadano se encuentra cada vez más desorientado porque en muchas ocasiones no sabe ni siquiera cuál es la administración competente para contestar su queja. Por eso adquieren más relevancia las ONG's, organizaciones sociales que suplen la falta de participación y demuestran diariamente el foso mental y real en el que estamos cayendo.

¿Cuál es entonces la tarea esencial que este progreso y estas circunstancias de cambios vertiginosos exigen a toda administración pública? Pues sencillamente la de adaptar las leyes, talantes y comportamientos para que aumente la claridad y la cercanía. Para que no se profundice más la fractura entre poder y sociedad y para eso es necesario abrir las leyes, las administraciones, los partidos e instituciones. Es necesario que entre aire fresco y respirar.

Es cierto que en todas nuestras sociedades y en mayor medida cuanto más desarrolladas se articulan instituciones de control y de garantías para que el ciudadano pueda ser escuchado y resolver el motivo de su queja.

Desde la fiscalización de la actividad política y administrativa o la revisión de los actos y resoluciones mediante los recursos, bien sean ordinarios ante la propia administración o a través de los tribunales de justicia, se intenta que estas quejas tengan un cauce para su tratamiento y solución.

Ahora bien, la pregunta que nos hacemos es si en esta complejísima sociedad y ante las transformaciones que vivimos son suficientes estas vías o estos instrumentos para garantizar eficazmente al ciudadano la posibilidad de obtener una restitución en el derecho lesionado o en la aspiración solicitada. Es decir, si los instrumentos de garantía que hoy se reconocen y son, por otra parte, imprescindibles, son suficientes para acercar al ciudadano a la administración, o para mejorar la sociedad democrática en la que vivimos. Tengamos en cuenta que «hay acontecimientos que tardan un siglo en hacerse ver. Verdades que no nos atrevemos a mirar y que permanecen bloqueadas en una especie de purgatorio» (Nietzsche).

Pues bien, se admite sin polémica que en una sociedad tan compleja como la actual estos instrumentos de participación y control son imprescidibles pero insuficientes[2]. La experiencia de nuestros Estados viene a demostrarnos que las vías de control o revisión interna de sus decisiones (manifestación de lo que ha venido a llamarse auto-control) no son totalmente eficaces, limitándose en ocasiones a ser un mero trámite para ganar tiempo antes de que el ciudadano no tenga más remedio que acudir a los tribunales. Incluso en muchos casos no se resuelve la queja o los recursos en los plazos que fija la ley, ni siquiera se contestan correctamente o se notifican de forma deficiente, con ausencia de motivación o aplicando un régimen sancionador sin claridad y sin facilitar la transparencia con el acceso a los archivos o sin medidas para preservar el secreto de los datos

[2] *Cfr.* Amoedo, Daniel, «Consecuencias legales y económicas de la Ley de transparencia 19/2013 para las empresas privadas», *Revista internacional Transparencia e Integridad,* nº 1, mayo-agosto, 2016.

aportados por el interesado y en ocasiones sin garantizar la posibilidad de realizar alegaciones o exigir responsabilidades ante el espíritu corporativo del medio. Y para cuando el ciudadano decide afrontar como único instrumento que le queda para ser restituído en su derecho la vía jurisdiccional, después de haber transcurrido tiempo, de haberle costado dinero y causado perjuicios, debe afrontar la perezosa administración judicial que es lenta, distante y en el mejor de los casos, aún cuando llegue a obtener una sentencia favorable, es casi seguro que deberá volver a insistir para que se ejecute.

El resultado práctico, Vds. pueden constatarlo, es que muchos actos y resoluciones administrativas irregulares o actuaciones ilícitas entre particulares quedan impunes porque sus afectados, por ignorancia o cautela, se abstienen de quejarse ante las administraciones para no sumergirse en la compleja vía de recursos que en muchos casos desconocen y temen.

También la justicia como última instancia para la resolución de los conflictos y quejas en este momento histórico de vertiginoso cambio se está quedando anticuada para poder asumir la velocidad de los acontecimientos, resultando urgente simplificar las leyes procesales para resolver la complejidad de los asuntos con la suficiente rapidez, porque es sabido que una justicia lenta no es justa. Adecuándolas para eliminar las oscuridades que alejan al ciudadano de los tribunales. Hay que adaptar la justicia para que se preocupe más por aquéllos que quieren saber que por los que saben, simplificando la toma de decisiones, evitando la complejidad burocrática, ampliando la oralidad en toda clase de procedimientos, porque la justicia para serlo debe ser ágil y los juicios realmente rápidos y adecuar la responsabilidad de jueces y magistrados dado que en la actualidad la acción disciplinaria prevista normativamente para exigir responsabilidad es insuficiente, oscura y en cierta medida corporativa.

Es necesario superar el mecanicismo cerrado y rígido en la vida del Derecho que necesitamos, que es variado, complejo y contradictorio y que no puede estar predeterminado en todos sus extremos, con un margen de libertad en su aplicación, una posibilidad de opción entre sus diferentes sentidos cada vez mayor.

No existe la actuación administrativa o interpretación jurídica privilegiada y válida para siempre. Sólo la tiranía se alimenta de la idea de que el juez o el administrador no tienen elección porque todo concepto (el Derecho es un conjunto de conceptos) es una invención a la que nada corresponde exactamente, pero a la que muchas cosas se parecen. El juez, por ejemplo, debe tener el poder y el deber de mostrarnos el fondo, aplicar la ley y ejecutar la pena, con igualdad e independencia. No hay nada neutral en este mundo y las sentencias están hechas también con el cuerpo y la memoria. No creo que sea conveniente resucitar el viejo afán de sujetar a los tribunales señalándoles todos los pasos que deben recorrer en sus actuaciones o reglamentando la forma en que deben aplicar sus conocimientos. La justicia suele ser independiente e íntegra, pero también hermética y lenta.

También los partidos políticos, sindicatos y demás instituciones básicas en todo sistema democrático demuestran una incapacidad creciente para ser cauce real de participación y necesitan una reforma urgente que garantice su democratización interna, la transparencia en sus actividades y la seriedad en sus programas y actuaciones. Necesitan una reforma urgente para hacer oir las preocupaciones del mayor número de personas.

Pues bien, estas deficiencias por desfase que tiene el funcionamiento administrativo y judicial, principales instancias para la resolución de las quejas de los ciudadanos, ya sea por medio de una petición, recurso o denuncia (problemas de lentitud, de aplicación mecánica de las normas, sobrecarga de asuntos, procedimientos costosos y lentos cuando no dejadez, incompetencia o cabezonería) siempre terminan perjudicando al ciudadano que está amparado formalmente por leyes, disposiciones y garantías pero realmente en muchas ocasiones se encuentra impotente para hacer frente a un funcionamiento mecánico y anticuado del poder al que le irrita que le contradigan.

Por tanto, ante los cambios que nos envuelven y la competencia que nos acosa, es necesario adecuar el funcionamiento del Estado a las nuevas circunstancias y es necesario también desarrollar el Derecho de acuerdo con las nuevas situaciones, estimulando por ejemplo procedimientos que permitan resolver conflictos (quejas, peticiones, recursos) de forma ágil, fomentando el acuerdo y, por tanto, el acercamiento, respetando siempre la forma de vida que cada uno elija libremente.

Procedimientos como la «terminación convencional» que debe aplicarse con todas las precauciones para no lesionar el principio de igualdad y no provocar la tan temida arbitrariedad en el funcionamiento de las administraciones públicas, ni fomentar soluciones de privilegio para algunos, pero procedimiento que suele, junto a otros, resultar últil para superar la complejidad y la aplicación dogmática e impersonal de las normas actuales, necesario para acelerar y simplificar los cauces de resolución de algunos conflictos y útil para que la administración sea más dialogante, más abierta, menos distante, en definitiva más flexible y cercana en sus formas, perfeccionando los principios de eficacia y participación que son la base del derecho moderno. Participación que consiste en experimentar el poder para construir la propia vida en libertad y sustraerse a todos aquéllos que nos quieren hacer felices a toda costa.

Lo que denominamos «terminación convencional» supone la posibilidad de que en determinadas áreas de la actividad administrativa, de la jurisdicción civil o mercantil o incluso social en los términos y con las condiciones que fijen las normas aplicables, la resolución de las quejas, conflictos o procedimientos tenga lugar mediante un acuerdo entre los administrados o entre éstos y la administración, en lugar de hacerlo de la forma tradicional mediante un acto unilateral del órgano competente.[3]

Para impulsar estos nuevos procedimientos no sólo es necesario reconocerlos jurídicamente, es imprescindible también cambiar las formas, el talante y las actitudes de los servidores públicos. Se necesitan modificaciones legales, incluso adaptar la idea que tenemos de la justicia, pero también es necesario un cambio cultural para que la administración, sin renunciar a sus competencias, sea cada vez más dialogante, más abierta y participativa, más dúctil y flexible, más cercana y conocida. Así la conciliación y la mediación puede contribuir a implantar una nueva forma que, sin sustituir a las tradicionales, contribuya a solucionar quejas, peticiones y conflictos, superando la democracia condescendiente de las élites y la fractura social y mental entre el poder administrativo y la ciudadanía.

Es bien cierto también que la terminación de un proceso administrativo mediante acuerdo no es solución definitiva y que no puede darse en todos los ámbitos ni ante cualquier situación o conflicto, debe sujetarse siempre al marco legal y competencial que lo regule. Así está reconocido en algunos países como Inglaterra, Italia, Alemania, Francia y en España como una novedad en la Ley de Régimen Jurídico de las Administraciones Públicas y del Procedimiento Administrativo común, que lo reconoce explícitamente o el art. 107.2 al permitir sustituir algunos recursos ordinarios por un procedimiento de conciliación ante comisiones independientes de arbitraje o mediación, lo que supone ya un cambio de tendencia en la naturaleza tradicional de las relaciones entre los distintos poderes y los ciuda-

[3] «Ciudadanos y reforma administrativa». Jornadas celebradas los días 27 y 28 de junio de 1994, Cátedra Joaquín Ruiz-Giménez de estudios sobre el Defensor del Pueblo, Universidad Carlos III, Madrid, 1995. Teresa Freixes, *Constitucionalismo Multinivel. Derechos Fundamentales*, CEPC, 2015.

danos y recientemente se ha acordado como un instrumento para intentar resolver desacuerdos y conflictos entre sindicatos y patronal.

En estos casos ¿por qué no establecer un diálogo? ¿Por qué no intentar mediante la negociación, mediante el acuerdo que los efectos individuales de la medida sean los menos gravosos y compatibles con la finalidad de ésta?

Ahora bien, la terminación convencional también tiene sus riesgos, no puede ser instrumento válido para exculpar la responsabilidad de la administración en el ámbito de sus competencias separando al culpable del responsable. La terminación convencional es un claro testimonio de la eterna lucha entre la eficacia y la seguridad, entre el necesario margen de discrecionalidad de las actuaciones de los poderes y el principio del imperio de la ley. Por ejemplo, no puede utilizarse el acuerdo y el margen de discrecionalidad de la administración para privilegiar a nadie ni para justificar la inactividad, y así cuando una autoridad fomente el acuerdo, la mediación o el arbitraje incluso observando las normas prescritas, pero por motivos y finalidades distintas de aquéllas que justifican legalmente la terminación convencional, es decir, cuando aplique estos procedimientos por motivos vituperables o por incompetencia, incurrirá en desviación de poder.

A esta función de acercamiento se suele denominar en términos generales «mediación», y en algunos casos es conveniente que un mediador (sin promover resoluciones ni laudos de obligado cumplimiento) intente acercar las posiciones y busca el acuerdo en determinados pleitos administrativos, disputas sociales o conflictos comerciales en el ámbito internacional, civil, administrativo, mercantil, etc., en cuestiones mayores y menores, peticiones, quejas o reclamaciones. El mediador al que me estoy refiriendo es una persona que supera la aplicación mecánica de las normas y que mediante el diálogo, el razonamiento, la transacción y el compromiso colaboran para encontrar una solución del conflicto que sea correcta y buena para ambas partes y para el interés general. Procedimiento que junto a otros puede contribuir en alguna medida a descongestionar los tribunales, buscando acuerdos que no sean contrarios a la ley ni supongan siempre una cobertura que prime los intereses privados sobre los públicos.

Pues bien, una de las funciones (no la principal) que cumplen o debieran cumplir los Defensores del Pueblo (*ombudsman*) es ésta, mediar para solucionar los conflictos antes de que éstos se instrumentalicen en recursos administrativos interminables o en decisiones jurisdiccionales que siempre son costosas. Una de las funciones que tiene la institución de la que soy Adjunto, es la de acercar al ciudadano al funcionamiento de la administración e intentar convencer y colaborar con ella a encontrar mejores soluciones para los cada vez más difíciles conflictos y todo ello no en virtud de su poder, sino de su autoridad.

La mediación no cuestiona que corresponde a la administración o jurisdicción la legitimidad para resolver los conflictos, sólo intenta que antes o después se encuentre una solución mediante el acuerdo. Y es en la búsqueda de estos acuerdos donde cobra todo su sentido la institución del *ombudsman* o Defensor del Pueblo, que no es más que una nueva garantía que permite mejorar los instrumentos de defensa del ciudadano y controla a las mismas en el ejercicio de sus competencias. Institución que no sustituye a ninguna de las tradicionales, que no puede anular las resoluciones administrativas o jurisdiccionales, pero que sí puede mediar, denunciar o colaborar con los poderes públicos para avanzar en la realización de nuestros derechos, porque los derechos y garantías si no avanzan desaparecen.

En definitiva, para la buena solución de los conflictos, quejas y peticiones, la mayor necesidad es adaptar la administración a los nuevos tiempos. Pero también es conveniente que no se acumulen innecesariamente los conflictos y que las reclamaciones no sean artificiales y abusivas. Y para ello también es necesario que cambiemos un poco nosotros mismos, no haciendo de toda situación un conflicto ni de nuestro mundo una fortaleza. Los derechos de uno no son instrumentos para agredir al otro.

Reconozcamos derechos, deberes y garantías, pero también asumamos nuevos talantes y actitudes sin rechazar a alguien porque sea diferente, viva diferente u opine diferente. No es obligatorio quererlos pero sí respetarlos.

Tolerar también consiste en no estar esperando poder llamar a la policía porque el vecino por fin haga una fiesta, ni al ayuntamiento porque haya un borracho bondadoso que nos desacredita con su aspecto ante los amigos. Ni reñir al niño que juega en el patio por mucho derecho que tengamos a la siesta. Ni rebuscar la forma de denunciar al otro porque nos duela que le vayan bien las cosas. O ampararse en el derecho a la libertad de expresión para difamar o revelar la intimidad de los vecinos.

Es no estar esperando la excusa de un comportamiento ajeno para desahogar nuestras frustraciones con gritos, bocinazos o insultos por mucha razón que tengamos, o esperar un error del otro para sentirnos bien condenándolo jurídicamente. Tolerancia es no ejercer nuestros derechos movidos por la envidia, el egoísmo, el miedo a lo desconocido o diferente. Tolerar es no actuar aunque tengamos derecho, intentando primero decirlo y llegar a un acuerdo sin esgrimir la lanza de la legalidad ante la primera sospecha de ataque.

Tolerar es convivir con lo que no nos gusta, convivir con la diferencia, incluso fomentarla. Es un talante, no un derecho, es una necesidad para la convivencia no una obligación jurídica. Tolerar no quiere decir ceder, callar o transigir, sino demostrar que alguien está equivocado y decírselo sin necesidad de acudir siempre a las autoridades para que nos den la razón frente al vecino o amigo. No es una actividad pasiva ni indiferente, es combativa a favor de la pluralidad social y contraria al fanatismo y la imposición. Tolerancia frente a las convicciones ajenas y frente a los prejuicios. Es una actitud, un talante que ampara a las personas porque se puede vivir y se puede pensar de muchas maneras (Savater).

La discriminación es una ilegalidad, la intolerancia una forma de juzgar a los hombres y a los eventos arcaica, irracional, basada en perjuicios, en formas emocionales puramente emotivas y fanáticas, formas no obstante que perturban la convivencia y fomentan los delitos. La tolerancia es un principio para impedir la guerra y fomentar la paz (preámbulo de la carta fundacional de las Naciones Unidas).

En definitiva, la capacidad del hombre para intervenir en el mundo es cada vez más grande y esto está suscitando problemas de índole moral y jurídico que requieren y requerirán aún más en el futuro actitudes personales y políticas que, siendo totalmente nuevas con respecto a cualquier otra decisión del pasado pueden no incluirse en las categorías a partir de las que, hasta ahora, hemos fundamentado nuestras decisiones y estructuras.

Los cambios son tan rápidos que debemos esforzarnos en encontrar la respuesta a las nuevas situaciones que son en primer lugar mundiales, interviniendo, limitando y dirigiéndolas en colaboración con los demás porque uno ya no puede hacer casi nada solo por mucha razón que tenga y es una cuestión de experiencia diaria que el desorden tiende a aumentar si las cosas se abandonan a sí mismas (sólo tenemos que dejar de reparar una cosa en nuestra casa para comprobarlo). Teniendo también presente que el principio de incertidumbre es una característica fundamental del universo en que vivimos y que todo acontecimiento requiere una actuación para controlarlo, limitarlo y corregirlo, sin saber cuál será el resultado hasta que éste se produzca. Actualización no sólo de los poderes públicos, también de nosotros mismos. No podemos esperar a ver qué es lo que hacen con nosotros las cosas creadas por nosotros mismos y luego pedirle a la administración que ponga un parche en nuestras heridas.

Todos nos lamentamos de la carga que está sufriendo el medio ambiente, pero muy pocos estamos dispuestos a renunciar a nuestras comodidades para aliviar el entorno natural. Todos cooperamos solidariamente a que se alcen las montañas de basuras de la sociedad del bienestar y no somos culpables de ello porque difícilmente nos dan alternativas para vivir de otra forma, pero es obvio que toda solución deberá contar con nuestra colaboración para resultar efectiva y esta colaboración no disminuye la responsabilidad de la administración, que deberá organizarlo eficazmente y dar ejemplo. En definitiva, el derecho al medio ambiente de uno trae el deber de todos a conservarlo y de la administración a persuadirnos con la mejor solución.

El problema hoy es que lo que puede hacerse aumenta vertiginosamente y dado que nuestra capacidad de intervención en los procesos y en el individuo van más allá de lo que nuestras culturas instituídas nos permiten fácilmente asimilar, son necesarios nuevos puntos de referencia, nuevas estructuras, nuevos derechos y garantías, límites y también nuevos comportamientos y talantes personales.

Ya no podemos pedir consejo a los ancianos o a la memoria, estamos solos frente a lo nuevo. No sabemos cómo actuar porque antes no existían y éstas precisamente son las exigencias axiológicas y jurídicas del presente ¿Qué hacer ante tanta novedad, cambios y rapidez? No tenemos más remedio que huir de los dogmas, superar el miedo y afrontar este momento instaurando y discutiendo colectivamente los comportamientos y principios firmes pero adaptables, que limiten y ordenen la situación y todo ello sin retroceder ante los mensajes apocalípticos de los pesimistas, ni quedar servilmente fascinados por la propaganda, creyendo equivocadamente que existe algún tipo de sociedad maravillosa que resolverá todos nuestros problemas de una vez.

EXTRADICIÓN[1]

Al abordar el tema, lo primero que me sorprendió fue la escasez de bibliografía específica, de comentarios constitucionales sobre el significado, límite y alcance del artículo 13.3 de la Constitución.

Ciertamente, se han publicado una gran cantidad de estudios sobre la extradición, pero casi todos desde el ámbito del Derecho penal, incluso procesal o internacional y últimamente y de forma muy elaborada, desde el ámbito de la judicatura. Pero casi nada desde el Derecho constitucional, al margen, claro está, del contenido de sus resoluciones.

Es muy probable que esto sea debido a la naturaleza inicial de este procedimiento, claramente político, discrecional, incluso arbitrario y alejado de los códigos fundamentales y en gran medida del Derecho. La figura jurídica de la extradición ha sido, y en cierta forma sigue siendo, un procedimiento, un instrumento político en manos de los gobiernos, una excepción a la aplicación igualitaria de las normas.

[1] Este trabajo es el resumen o conclusiones de la investigación que con el título *Extradición y Derechos Fundamentales* publiqué como monografía en la editorial CIVITAS en el año 2005.

Tanto es así que son pocas las constituciones que lo recogen y casi todas lo hacen de una forma muy defectuosa, indeterminada, general, sin concederle un peso específico importante, incluso con el único fin de imponer límites que refuercen su carácter político.

Esta impresión también la produce el Artículo 19 de la Constitución Europea, que sin duda supone un avance respecto a la regulación que hacen de este singular procedimiento algunas constituciones de países miembros, pero continúa adoleciendo de falta de concreción y, por otra parte, tampoco se sabe muy bien cuál va a ser la fuerza vinculante de este precepto respecto a la política de extradición de los Estados miembros.

¿Qué consecuencias puede tener la Constitución europea para el artículo 13.3? ¿Qué repercusiones tendrá para nuestros derechos este tratado constitucional o segunda constitución?

Pues bien, ante la escasa preocupación teórica que ha provocado el tema, resulta casi inevitable la impresión de que no se ha querido abordar hasta el fondo, que se ha preferido dejarlo en una especie de nebulosa, de singularidad, de indeterminación que favorece la falta de control y permite decidir cada caso por motivos exclusivamente coyunturales, de mera conveniencia, sin fundamento, incluso sin justificación, simplemente porque políticamente interesa.

La extradición ha vivido, y en cierta manera sigue viviendo, entre dos fuerzas que a veces actúan en una misma dirección y en otras muchas están violentamente enfrentadas.

Ciertamente, desde finales del siglo pasado, los cambios sociales y las conquistas democráticas, las facilidades para la circulación de las personas y de las cosas, han exigido que la extradición se adecuara a los nuevos tiempos y se convirtiera en una garantía para la tutela de los derechos individuales y sólo desde entonces se observa un cierto interés en regular este instrumento, incluso en utilizarlo para superar el principio de no-intervención y el carácter territorial absoluto del derecho penal y así aumentaron de forma considerable las discusiones, los foros, las reuniones y consecuentemente las normas nacionales e internacionales sobre la materia.

Desde entonces la extradición, en los países desarrollados, va dejando de ser tímidamente una decisión libre, incluso caprichosa de los gobernantes, para convertirse en instrumento de cooperación internacional para la lucha contra la impunidad, incluso en los casos en los que ésta ha sido amparada por el propio Estado.

No obstante, todavía existen posiciones contrarias a la extradición, corrientes doctrinales apoyadas en la idea de la soberanía de los Estados nación, o en puntos de vista de carácter nihilista, aunque cada vez son más anecdóticos porque resulta difícil negar que la extradición es un instrumento necesario, incluso indispensable para resolver los conflictos y lagunas que se producen como consecuencia de las relaciones entre las sociedades, entre los ordenamientos de Estados que cada vez son menos soberanos.

Se trata de un procedimiento que necesita una regulación sencilla y flexible, no excepcional, que fomente una cierta previsibilidad, que aumente la seguridad jurídica, evitando las decisiones sorprendentes, incluso arbitrarias, y garantice el respeto a los valores, principios y derechos fundamentales y la cooperación internacional.

Pero ante estas nuevas exigencias, las muy buenas monografías sobre la materia de F. Bueno, Blanca Pastor, J. L. Manzanares, o las excelentes páginas dedicadas a la extradición en los tratados de Jiménez de Asúa, Quintano Ripolles, Rodríguez Devesa y, más recientemente, de Muñoz Conde o Manuel Luzón, pueden resultar insuficientes para explicar o incluso impulsar cambios de todo orden y magnitud que están llevando a la desaparición de algunos de los principios básicos que hasta ahora han definido este singular procedimiento, como la prohibición de extradición de nacionales, o el principio *non bis in ídem* o el cambio del alcance y significado de conceptos tan relevantes para la extradición como el de *delito político o de terrorismo,* o la nueva dimensión que adquiere la extradición con la denominada justicia universal.

Por ejemplo, todavía no se diferencia claramente la extradición como acto final de la soberanía Estatal de los actos de cooperación entre órganos judiciales, que es en lo que se está transformando la extradición entre los países de la Unión Europea a partir de la aprobación de la *Decisión marco*, procedimiento que internamente sustituye los trámites de la extradición y que tienen, como objetivo último, el de convertir el territorio de la Unión en un espacio común de libertad, seguridad y justicia introducido por el tratado de Ámsterdam de 1997, y que a pesar de los problemas iniciales o incluso incumplimientos por parte de algún Estado miembro, el éxito relativo, en los seis meses que lleva en vigor la euroorden resulta esperanzador, aunque hasta ahora, sólo sean 10 los Estados miembros que la han aceptado y desarrollado.

En definitiva, con el doble objetivo de, por un lado, abordar los problemas que plantea la extradición y, por otro, hacerlo creo que por primera vez desde el Derecho constitucional, di comienzo a la investigación que en estas notas resumo.

Dicho trabajo es sobre todo una aproximación al contenido del Artículo 13.3 de la Constitución, proponiendo algunas ideas, incluso precisiones sobre su alcance y significado, fijando su contenido y replanteando sus límites, actividad si cabe, más necesaria en estos tiempos de vertiginosos cambios en los que casi nada y casi nadie quiere parecer lo que es.

La tarea tiene por tanto una raíz kantiana, en el sentido de que pretende trazar los límites en este caso de la interpretación constitucional del artículo 13.3. Más en concreto ¿Qué podemos entender constitucionalmente por *extradición?*.

Podría pensarse que lo esencial de esta tarea son entonces las premisas y la conclusión, y no es así. En todo cálculo, en toda demostración, en toda interpretación lo importante son las fuentes que usamos, y usar una determinada fuente implica sujetarse a reglas, que es lo esencial en toda interpretación porque nos permite producir y transformar sus signos, sus palabras. Y dichas reglas, al igual que las técnicas, se aprenden.

Ninguna interpretación agota lo interpretado, sólo sirve para brindar materiales con los cuales otro jurista pueda ir fabricando la suya. La verdad en Derecho siempre es oscura, torcida y esto a fin de cuentas es lo que nos salva. Si jurídicamente fuéramos capaces de decir la verdad, sólo sería necesario decirla una vez.

Por tanto, esta interpretación del artículo 13.3, como todas, no es más que una aproximación. No pretendo que todos los hechos conocidos, los casos resueltos, las decisiones tomadas, ni siquiera aquellas más relevantes, o la voluntad expresada por el TC, concuerden milimétricamente con las conclusiones de esta investigación, porque ni siquiera aquellos trabajos basados en experimentos y medidas de la más alta precisión lo consiguen.

Si admitimos solamente aquellas teorías que sigan a los hechos, de acuerdo con Hume, nos quedamos sin teorías, sin interpretaciones, porque ninguna es consistente con todos los hechos, tan sólo son «aproximaciones», opciones y en el caso de la extradición más que en ninguno.

Nuestro material normativo, básicamente tratados y leyes, las decisiones de los gobiernos y de los tribunales internos y externos, no dejan de ser un material ambiguo, contaminado por principios que no conocemos, sensaciones, impresiones, sentidos y lenguajes atados a viejos prejuicios, elementos de difícil control. Hasta el punto de que una decisión concreta sobre la extradición puede parecer inconsistente con los hechos y sin embargo ser correcta, porque la extradición se presta poco a ser definida, es dúctil, cambiante, indeterminada, tiene que adaptarse y complementarse con sistemas y ordenamientos muy diferentes, incluso categóricamente diferentes.

Tal vez por ello muchos autores prescinden dc la definición y se limitan a explicar que la extradición de un delincuente consiste en un acto por medio del cual un Estado decide auxiliar penalmente a las autoridades del otro entregándole a una determinada persona que ha sido procesada o condenada por el segundo.

Sin duda en el trabajo final y en estas páginas habrá numerosos aspectos que se echen en falta, pero abordar desde toda perspectiva posible un tema que ha sido tan parcialmente tratado hasta ahora excedería con mucho los límites materiales de tiempo, espacio y capacidad.

Una de las posibilidades barajadas fue prestarle más importancia al futuro de la extradición en Europa, asunto del máximo interés. Pero abordar este tema de manera exhaustiva requerirá a quien lo emprenda tanto trabajo como el empleado aquí, y consideré por tanto que era mejor centrar el esfuerzo en lo que aquí les resumo antes que estudiar dos temas principales de forma incompleta.

Ciertamente en la Constitución europea se recoge la extradición en el artículo 19.2, pero de una forma que no añade nada o muy poco a la regulación constitucional española, y lo mismo pasa con los tratados de extradición firmados por la Unión Europea con otros países, que necesitan ser ratificados por cada Estado miembro y por tanto sometidos al juicio de compatibilidad con el ordenamiento constitucional de cada uno de ellos.

Por otra parte, el artículo 19 es técnicamente muy defectuoso. Se señala la protección sólo de unos concretos derechos, como el derecho a la vida o a no sufrir penas o tratos inhumanos o degradantes, pero olvida mencionar expresamente que en el procedimiento de extradición el reclamado debe poder oponerse a ésta, si considera que en el Estado requirente se vulneraron o pueden vulnerarse otros derechos, como a no ser discriminado, perseguido o castigado por razones relacionadas con sus condiciones personales o sociales, con su ideología u opiniones políticas.

Nada dice expresamente de la tutela judicial efectiva o incluso de la libertad que queda afectada por la sola decisión de concesión de la extradición, toda vez que la declaración de procedencia de la misma tendría efectos sobre el eventual derecho del reclamado a permanecer en nuestro país y como última consecuencia, sobre el cumplimiento de una pena privativa de libertad y máxime cuando nos encontremos ante una solicitud de extradición para el cumplimiento de una condena, esto es, la denominada extradición ejecutiva o de condenado.

Sería preferible que este precepto 19 no mencionara ningún derecho dejando abierta la puerta, y en cambio incluyera otros requisitos universalmente admitidos y más efectivos como el mínimo penológico y la doble incriminación.

De lo que no cabe duda es de que la entrega de las personas detenidas de un Estado miembro a otro Estado miembro, según este artículo y la *Decisión marco*, ya no puede ser calificada como extradición; es algo más y más avanzado, es una regulación común de la extradición frente al exterior entre quienes tienen vocación de actuar unidos en la lucha contra la delincuencia.

Otra posibilidad valorada fue tratar más extensamente la extradición activa en relación con la teoría del derecho a castigar toda infracción grave sin atender al lugar en donde se cometió ni a la nacionalidad del culpable, procedimientos que se denominan de justicia universal y que están siendo admitidos por el Fiscal General del Estado. Pero tratar esto más detenidamente hubiera tenido como consecuencia también un trabajo en paralelo que casi nunca conduce a un resultado *doblemente bueno.*

Lo primero es que la extradición es un instrumento característico del Estado moderno, vinculado a esta forma de organización política y que en estos tiempos está adquiriendo mucha actualidad, incluso como instrumento idóneo para desarrollar la necesaria cooperación internacional en la persecución de la delincuencia y superar el principio de no intervención.

Todos los Estados tienen interés en la defensa y protección de su orden interno, en facilitar la convivencia a aquellos que están en el interior de sus fronteras frente al exterior, incluso asegurándoles una cierta impunidad. Pero por muy autárquico que sea el sistema, su funcionamiento siempre ha provocado conflictos con otros ordenamientos, conflictos que pueden ser resueltos de forma discrecional y arbitraria o mediante la regulación jurídica de procedimientos encaminados a preservar el orden público internacional, respetando los derechos de los implicados y la soberanía de los Estados.

En este sentido, la extradición trastoca en cierto grado la concepción tradicional del Derecho, que es la primera y más clara expresión de la voluntad del Estado que quiere reservarse el derecho a regular y sobre todo a decidir libremente, incluso caprichosamente, la extradición de personas sin mayores controles y justificaciones.

Pues bien, la decisión extradicional consiste en la ponderación de estos derechos e intereses a veces encontrados, tarea singular que en nuestro caso compete al Gobierno y a la Audiencia Nacional que debe plasmar en su resolución un «juicio de ponderación» de los derechos fundamentales e intereses constitucionales en pugna.

En este sentido, y sin mucho temor a equivocarme, podemos afirmar que la esencia de la figura elegida como materia para la investigación, es decir, aquello que la caracteriza más allá de los cambios que ha experimentado, lo que ha permanecido después de todos ellos, es que consiste en una actuación, administrativa o judicial, mediante la cual se solicita a un Estado que colabore en el ejercicio del *ius puniendi* de otro. La extradición es entendida como la acción solidaria de los Estados para el beneficio de la justicia, incluso de la justicia internacional del *ius humanun*, este núcleo mínimo que nos identifica como personas.

La cuestión es que en esta relación entre Estados la lesión del derecho fundamental en que pueda incurrir la actuación del poder público extranjero que solicita la extradición vicia también de inconstitucionalidad la del órgano judicial o administrativo propio que la facilita, ya que da lugar a que dicha lesión se materialice al cumplimentarla u otorgarle validez.

Este marco expansivo de la extradición, así como el necesario cuidado que incumbe a las autoridades del país requerido por el respeto de los derechos fundamentales del extraditado, ha sido puesto de relieve de una forma clara por el Tribunal Constitucional, manteniendo que en los casos de aplicación de la extradición la posibilidad de lesión de derechos fundamentales resulta evidente.

Hay que tener en cuenta que una vez verificada la entrega al Estado requirente las lesiones a los derechos de la persona entregada que puedan producirse, y que previamente se hayan denunciado o se conozcan, van a convertirse, normalmente, en irreparables por los órganos del Estado que la concede, ya que a partir de ese momento pierde las posibilidades de actuación para conseguir evitar o reparar el daño que se haya producido, se esté produciendo o razonablemente pueda producirse en los derechos del extraditado.

Es decir, la *violación indirecta* de los derechos fundamentales es aquella que resulta facilitada por la actuación u omisión de los órganos extradicionales del Estado requerido, no es cometida directamente por éstos pero sí facilitada, es como un cooperador necesario para que ésta se produzca.

En este sentido, si las autoridades y los órganos judiciales o administrativos del país en el que se encuentra, siendo conocedores de la eventual posibilidad, incluso del peligro de vulneración de los derechos fundamentales en el país de destino, no la evitan con los medios de que disponen, serán responsables, ya que la vulneración se produce como consecuencia directa de su decisión.

Por tanto, el control de la Audiencia Nacional y en su caso del Tribunal Constitucional sobre la conformidad con la Constitución de la actuación de un poder público extranjero se basa en que la sujeción a esos derechos no desaparece cuando la actuación del juez español o del gobierno produce efectos *ad extra* y estos efectos tienen un riesgo relevante de conculcar los derechos que constitucionalmente se le imponen.

El problema, y por tanto la discusión, reside en determinar cuál es el contenido de los derechos fundamentales que debe ser preservado por los poderes públicos en relación con la petición de extradición de una persona. En qué casos se puede denegar la extradición por sospecha fundada de lesión o por falta de garantías.

En definitiva, con la constitucionalización de este procedimiento las personas que se encuentren en España y sean objeto de un requerimiento de extradición refuerzan la protección de los derechos que la Constitución les reconoce internacionalmente, y con ello se intenta superar definitivamente su naturaleza inicial como instrumento político en manos de los soberanos, convirtiéndose en un procedimiento de cooperación internacional para la realización de la justicia y la defensa de los derechos.

También el Tribunal Europeo de Derechos Humanos ha declarado, en relación con el Convenio Europeo de Extradición, que el ámbito de la jurisdicción estatal, a los fines de la protección que ese instrumento garantiza, no se circunscribe al territorio nacional, por lo que cabe imputar al Estado una lesión de los derechos fundamentales como consecuencia de los actos realizados por sus autoridades con efectos fuera del territorio estatal.

Pero ¿Cuál es este contenido de los derechos fundamentales que obliga a los Estados en sus relaciones hacia el exterior? Esta es la pregunta fundamental. No hay duda de que la persona que es sujeto de la extradición dispone de los derechos humanos que le reconoce el ordenamiento constitucional en el que se encuentra, entre ellos al debido proceso, a la libertad, a la integridad, a la vida, etc., pero también parece razonable mantener que el significado y alcance de estos no puede coincidir con el interno sino que deben hacerse compatibles, cuando ello sea constitucionalmente posible, con un determinado *ius cogens*, es decir con las normas de derecho universalmente aceptadas y que vienen expresadas en las declaraciones internacionales y decisiones de los correspondientes tribunales.

En el voto particular a la sentencia del TC. 91/2000, en los casos de vulneración indirecta de los derechos fundamentales, es necesario operar con un canon más restrictivo, que podría identificarse como el núcleo irrenunciable del derecho fundamental inherente a la dignidad. Si se conciben de otra forma los contenidos de los derechos fundamentales y sus correspondientes garantías aplicables en los casos de extradición, se corre el riesgo de destruir la operatividad de la misma.

La violación de este contenido internacionalmente mínimo, de este *ius cogens,* puede producirse por las actuaciones de las autoridades del Estado requirente en un caso concreto. Hablamos de la posibilidad, incluso, de lesiones provocadas por Estados democráticos con todas las garantías, Estados limpios, respetuosos con los derechos de la persona. Y esta hipotética violación también puede resultar fundamento suficiente para denegar la extradición solicitada en un caso concreto.

A su vez, como he intentado argumentar en el trabajo, la presunta vulneración puede fundamentarse en la ausencia de las mínimas condiciones generales y garantías del sistema político que reclama como consecuencia de su propia estructura jurídica y situación política. Lo realmente singular de este procedimiento es que la valoración de la *confianza* que ofrece el otro Estado, incluso de las denuncias que formula el extraditable, no puede hacerse *ad intra,* desde el ordenamiento jurídico del Estado requerido, desde nuestro ordenamiento, sino desde este *estatus mínimo* de garantías y derechos, de *confianza* que internacionalmente se exige a un Estado para que pueda facilitarse y accederse a la extradición de una persona por él solicitada.

En definitiva, los órganos judiciales o de gobierno encargados del control de la legalidad del procedimiento de extradición han de regir su actuación por los derechos fundamentales, por los principios y los valores que establece la Constitución, pero atendiendo a este contenido internacional al que nos estamos refiriendo, a este contenido mínimo común, esencial en el sentido de *aquello que permanece en el cambio,* y que constituye el núcleo esencial de lo que podríamos denominar un *Estado limpio*, lo que lo caracteriza como tal y lo diferencia de los otros sistemas políticos, lo que constituye su naturaleza, es decir, su *esencia* en su sentido más ontológico: un mínimo que hace al derecho reconocible, practicable internacionalmente, posible, para que no desaparezca, a este *ius cogens,* como conjunto esencial de derechos necesarios que no pueden ser modificados por el principio dispositivo ni por la voluntad concurrente de las partes y que por tanto obligan a todos, incluidos los tribunales. Y no sólo por imperativo del artículo 10 y 96 de la Constitución, sino por su propia naturaleza internacional.

Este contenido esencial que vincula la actuación *ad extra* de nuestros tribunales se reconoce en la propia Constitución cuando proclama que el fundamento *del orden político y de la paz social* reside en *la dignidad de la persona y en los derechos inviolables que le son inherentes,* expresando una pretensión de legitimidad, y al propio tiempo, un criterio de validez que resulta universalmente aplicable, que pertenece a la persona en cuanto tal y no como ciudadano. Ello implica que, en cuanto valor inherente a la persona, la dignidad ha de permanecer inalterada cualquiera que sea la situación en que la persona se encuentre, constituyendo, en consecuencia, este *mínimum* que configura el *orden público internacional.*

En este sentido, cuando un Estado rechaza la solicitud de extradición formulada por otro al considerar que no se respetan estos mínimos esenciales para la seguridad internacional y la realización de los derechos, lo hace también en virtud de su responsabilidad internacional, de la cual ningún Estado puede desentenderse. Si se concibe este mínimo de otro modo la extradición corre el riesgo de desaparecer, de resultar impracticable.

Y este cambio de los contenidos puede hacerse porque la extradición es un procedimiento singular. No es jurisdiccional, en el sentido de que no se enjuicia nada. Hasta cierto punto es un procedimiento extraño para el ordenamiento de un Estado, que tiene que complementarse con la valoración del ordenamiento y el comportamiento de otro Estado en relación con el respeto de los derechos humanos.

Cuando la Audiencia Nacional delibera y resuelve las solicitudes de extradición que se le presentan, no realiza un enjuiciamiento de los hechos y las conductas, no juzga. Tan sólo decide si se dan o no las condiciones para proceder a la extradición de una determinada persona o, mejor dicho, si se dan elementos que pongan en peligro los derechos del extraditable.

Por ejemplo, en relación con los derechos consagrados en el artículo 24 de la Constitución, el artículo 13.3 no exige que se aplique mecánicamente su desarrollo, que se coteje la doctrina constitucional sobre derechos fundamentales de un país para valorar actuaciones de otro. El sistema de garantías procesales penales mínimo que debe existir para considerar garantizado el derecho a la tutela judicial debe concretarse a partir principios generales y de normas de *derecho internacional* y ello debe ser así, además, porque siempre es incorrecto comparar fragmentariamente el sistema procesal de un país sin considerar el proceso en su plenitud y sus concretos medios correctivos.

Con la extradición no puede pretenderse imponer a otros Estados o como sugirieron los constituyentes a otras «democracias» o «naciones civilizadas» un modelo jurídico propio, una determinada concepción de lo que es la justicia o el alcance de conceptos como terrorismo, su código penal, su sistema judicial.

En definitiva, la Audiencia Nacional está vinculada a la Constitución y a las normas que desarrollen el precepto que estamos comentando, fundamentalmente convenio y tratados, pero no a las concreciones, a los contenidos y desarrollos de estos derechos que vinculan las aplicaciones y decisiones jurisdiccionales internas.

Por ejemplo, no se puede declarar procedente una solicitud de extradición que comporte la *pena de muerte*, o cuando el reclamado esté sometido a la jurisdicción de un *tribunal de excepción*, ya que en estos casos la Constitución lo prohíbe expresamente (Art. 15 y 117.6) y ello debe ser así aunque el Convenio Europeo de Extradición no contemple de forma expresa estos motivos de exclusión de la obligación de entregar, ya que como es sabido, el texto normativo de la Constitución se impone a todo y a todos.

En estos supuestos, la Audiencia Nacional deberá denegar la extradición por la aplicación directa de la prohibición constitucional y, según la doctrina del caso Soering, también por aplicación del artículo 3 de la Convención Europea.

La única posibilidad para acceder a la solicitud es que el Estado requerido ofrezca la garantía de no-ejecución de la pena, con todos los problemas que esto conlleva, o bien el compromiso de devolver al extraditado en el caso de que sea condenado a la pena capital. Para ello tendrá que confiar en la fiabilidad del Estado solicitante, de forma que volvemos a lo mismo, a las garantías que ofrezca el propio sistema, el funcionamiento político del Estado, a su limpieza, a la confianza mutua en su sentido más general.

En relación con ello, puede resultar ilustrativo citar como ejemplo dos notas verbales del gobierno de los EE UU contestando a las peticiónes de garantías formulada por la AN en dos supuestos distintos. En la primera de estas notas dice:

> «Después de la debida consideración y de acuerdo con los principios de derecho internacional aplicable, el gobierno de los EE UU garantiza al Reino de España que, si fuera condenado por el delito de asesinato del que está acu-

sado en Las Vegas, Nevada, la autoridad ejecutiva de Nevada no solicitará la pena de muerte. Por tanto, según lo previsto en el artículo VII del Tratado de Extradición, los EE UU presentan las garantías de que la pena de muerte no será impuesta, o si fuera impuesta no será ejecutada».

En cambio, creo que la Audiencia Nacional puede acceder a la extradición de una persona cuando la pena que le corresponde por los hechos de los que es acusado en el país solicitante es, por ejemplo, la *reclusión perpetua,* pena prohibida por nuestro ordenamiento penal pero no directamente en la Constitución. De hecho, así lo está haciendo la Audiencia Nacional, aunque sin reconocerlo abiertamente, encubriendo la decisión mediante una argumentación formal.

Por ejemplo, cuando el país solicitante es EE UU, la Audiencia Nacional lo justifica formalmente con la solicitud de conmutación de la pena de reclusión permanente o la introducción no prevista en el ordenamiento penitenciario del país de medidas de redención o, lo que es peor, solicitando al poder judicial del lugar que dé garantías de no aplicación de la pena, con anterioridad a la sentencia, sin ningún tratado que lo habilite.

La argumentación de la Audiencia Nacional en estos casos es muy formal y los servicios exteriores de los EE UU, en la nota verbal 230 de 9 de mayo de 2003, mediante la que contestan a la petición de garantías formulada por la AN, señala lo siguiente:

> «El gobierno de los EE UU objeta la petición de garantías de que Nevada no impondrá una sentencia de por vida. Tal petición no tiene fundamento en el Tratado de Extradición». Y continúa: «Además los EE UU tienen relaciones extradicionales en base a tratados de extradición bilaterales, similares al tratado de extradición entre España y EE UU, con todos los vecinos de España en Europa occidental. En ninguna de estas relaciones se ha pedido a los EE UU

que aporte garantías en relación con sentencias indeterminadas, ni lo exige la normativa aplicable, básicamente el Convenio Europeo de Extradición».

Pues bien, la Audiencia Nacional dicta un auto accediendo a la extradición, y señala para dar salida al asunto que se han dado las garantías solicitadas, al admitir la posibilidad de que la pena impuesta pueda no ser de por vida. Utiliza, en suma, una salida de ingeniería jurídica, para solventar una contradicción con el ordenamiento interno que, con todas las reservas que caben en afirmaciones como estas, pienso que realmente puede no existir.

Sin duda, la pena de *reclusión perpetua* es rechazable y su prohibición una construcción legal avanzada de nuestra doctrina y jurisprudencia que debe defenderse incluso exteriormente, y coincido con Luigi Ferrajoli en considerarla casi como una pena corporal, pero está reconocida en muchos ordenamientos de paises democráticos. De hecho, las declaraciones internacionales no la prohíben si se dan determinadas garantías. Además, está prevista y es aplicada por los Tribunales Internacionales creados por las Naciones Unidas, como el propio TPI para la antigua Yugoslavia que aplica la pena de *cadena perpetua* a los responsables de crímenes contra la humanidad, condena que también está prevista en las resoluciones del reciente Tribunal Penal Internacional.

El propio TC se ha manifestado sobre la compatibilidad de este tipo de penas:

> «En cuanto al carácter eventualmente perpetuo de la pena de ergastolo, dice, hemos reiterado que la calificación como inhumana o degradante no viene determinada exclusivamente por su duración, pues depende también de la ejecución de la pena y de las modalidades que esta reviste, de forma que por su propia naturaleza la pena no acarree sufrimientos de una especial intensidad (penas inhumanas) o provoquen una humillación o sensación de envileci-

miento que alcance un nivel determinado, distinto y superior al que suele llevar aparejada la simple imposición de la condena».

Para el TC, el carácter inhumano de una pena no depende sólo de su duración, sino también de su ejecución, de las modalidades que revista. En fin, que la pena, por su propia naturaleza, no acarree sufrimientos de intensidad extraordinaria (inhumana) ni humille ni envilezca hasta extremos que vayan más allá de lo que suele llevar aparejada la mera imposición de la condena. Tales consideraciones han sido también claramente expresadas por el Tribunal Europeo de Derechos Humanos.

Otra posibilidad es que la prohibición de extradición por reclusión perpetua esté recogido en tratados de extradición o acuerdos bilaterales entre Estados, como el tratado de extradición vigente entre nuestro país y Argentina.

Por tanto y según parece, la prohibición de la *reclusión perpetua* no forma parte de este mínimo exigible *ad extra,* de este *ius cogens* en derechos humanos y así, con la misma pena, la decisión podrá ser diferente según sea el Estado que la solicita y las condiciones de la persona extraditable. En definitiva, también en estos casos la decisión dependerá más de otras circunstancias y elementos, como las condiciones sociales y políticas del país solicitante o la forma de cumplimiento, etc.

Mantener otra cosa equivaldría no sólo a denunciar mediante resoluciones judiciales, incluso del propio Tribunal Constitucional, que el Estado italiano, EE UU o la propia Naciones Unidas imponen penas inhumanas y degradantes prohibidas por el ordenamiento internacional, y además que las recogen en su ordenamiento jurídico y, evidentemente (aunque hay quienes lo piensan e incluso lo manifiestan abiertamente), en el ámbito de la extradición esto no es ni puede ser así.

No es razonable y cuesta comprender que un mismo Estado, incluso perteneciente a la Unión Europea, conceda la extradición de un persona a

Guinea, por poner un ejemplo, y no lo haga por falta de las debidas garantías procesales a Italia o a los EE.UU que, como mínimo, deben ser calificados como Estados limpios.

Diferente es la respuesta si la condena impuesta fuera a trabajos forzados, en este caso la pena resulta expresamente incompatible con lo dispuesto en el apartado 2 del artículo 25 de la Constitución y con el Convenio Europeo de Extradición.

Otro buen ejemplo de lo que estamos exponiendo lo constituye la condena *in absentia,* prohibida en nuestro sistema procesal y como en el caso anterior, podemos preguntarnos si los poderes públicos españoles pueden vulnerar *indirectamente* los derechos fundamentales cuando reconocen, homologan o dan validez a resoluciones condenatorias adoptadas por tribunales extranjeros con la ausencia del acusado.

En la célebre, por defectuosa, sentencia 91/2000, el Tribunal Constitucional opinó que sí, que en sus procedimientos penales el Estado italiano no respetaba el derecho a la tutela judicial efectiva porque condenaba en ausencia al acusado. Pero enseguida se vio que la decisión era equivocada, que esta forma mecánica de actuar paralizaría la mayor parte de procedimientos de extradición o haría su resultado imprevisible, impracticable.

La decisión de la extradición que comporte una condena *in absentia* no puede ser la misma en todos los casos. La disminución del derecho de defensa que pudiera comportar un juicio de esta naturaleza debe probarse en el sistema procesal y judicial que lo aplique, ya que puede haber medidas y posibilidades que modifiquen los efectos que tal juicio *in absentia* provoca en nuestro sistema.

Es posible que, según el sistema estudiado en su conjunto, las circunstancias del enjuiciamiento permitan entender que queda garantizado el derecho de defensa, aunque haya sido juzgado en ausencia y la Sala que juzgue el asunto, tendrá que tener en cuenta si el Estado solicitante es del mismo entorno jurídico-cultural, caracterizado por ostentar un sistema sumamente perfeccionado y respetuoso con las libertades públicas y en mayor medida si es miembro de la Unión y sometido a la jurisprudencia del TEDH.

¿Acaso puede mantenerse sin ningún género de dudas que toda condena *in absentia* lesiona la esencia del derecho a la tutela judicial? Evidentemente no, ya que en condenas menores y en los juicios de faltas se admite en los procedimientos internos y la AN afirmó que Italia *«garantizaba un juicio con todas las garantías en el marco del Convenio Europeo de Derechos Humanos»* ya que el peligro a una *«flagrante denegación de justicia»*, según la expresión del Tribunal Europeo de Derechos Humanos, puede verse compensada con otro sistema de garantías que redunden en producir los mismos efectos o incluso mejores.

Como escribe Pedro Cruz Villalón en el voto particular al que hemos hecho referencia:

> «La sentencia 91/2000 en su Fj 12 intenta construir el contenido absoluto del derecho a la defensa según el artículo 24.2 de la Constitución Española, es decir, a partir de una tradición jurídica propia que es la contraria a la que sustenta la condena en ausencia en el derecho internacional».

Definitivamente, la estructura básica del derecho de defensa, y el núcleo esencial de la idea de juicio justo en el ámbito internacional y de forma expresa en la Constitución no puede prohibir de forma absoluta y en todos los casos y en todos los sistemas jurídicos el juicio *in absentia*.

Pues bien, este contenido absoluto o mínimo de los derechos fundamentales, este *ius cogens* determinado en cada caso, a partir de la constitución por los tratados y convenios formalizados por España, son los contenidos que vinculan la protección *ad extra* de las actuaciones de nuestros poderes.

En parecido sentido se ha pronunciado el Tribunal Europeo de Derechos Humanos. Así, en el caso *Soering* se afirma que la Convención no rige los actos de los Estados ajenos a ella ni consagra un principio general según el cual los Estados firmantes hayan de comprobar que en el país de destino del extraditado se cumplen plenamente todas y cada una de las garantías de la Convención Europea Derechos Humanos.

> «Hay que atender al Tratado como garantía colectiva de los derechos del hombre y de las libertades fundamentales, dice, y tener en cuenta su espíritu general, destinado a salvaguardar y promover los ideales y valores de la sociedad democrática, el patrimonio común de ideales y de tradiciones políticas, de respeto a la libertad y de preeminencia del Derecho al que se refiere el Preámbulo.»

Y esta es la cuestión central a precisar o concretar: unos criterios que permitan establecer en cada caso el núcleo mínimo y constitucional al que nos estamos refiriendo, y que es el que condiciona y debe fundamentar la decisión de extradición.

Otro de los requisitos exigidos por el artículo 13.3 es la necesidad de *reciprocidad.* Esta consiste en un pacto, en un compromiso por el que cada Estado otorga un trato no idéntico pero sí equiparable al que reciba del otro. Significa que los contenidos que sustentan las solicitudes de extradición sean tenidos simultáneamente por los dos ordenamientos, de tal manera que cada uno de ellos podría ser indistintamente sujeto y objeto de la acción realizada por el otro.

Tradicionalmente se ha considerado a la reciprocidad como la promesa de comportarse de la misma manera ante un caso análogo proveniente del otro país. En un primer momento la reciprocidad estaba únicamente relacionada con la idea de soberanía y con el principio de igualdad en las relaciones entre Estados. Un gobierno acordaba el contenido de un tratado de extradición si el otro se comprometía a lo mismo, aunque el acuerdo fuera injusto, discriminatorio o represivo, como los acuerdos para la extradición de personas acusadas de delitos políticos.

Pero es evidente que este concepto de reciprocidad ya no resulta suficiente, ni acorde con las categorías constitucionales que deben definirlo. Mediante su incorporación a la Constitución adquiere un alcance diferente y se convierte en una auténtica garantía jurídica y política de carácter general, que además debe informar la confección de los tratados y las leyes reguladoras de esta materia, de manera que, en caso de una negación de este requisito por parte de la norma o de incumplimiento por parte del país extranjero, podría surgir una excepción de carácter constitucional al tratado o convenio y a la concreta concesión de la extradición.

La reciprocidad ya no puede implicar una completa identidad u homogeneidad entre procedimientos, sistemas e incluso ordenamientos, una igualdad en todos los contenidos. Por otro lado, tampoco puede concebirse la reciprocidad como un elemento caprichoso, ni como la voluntad de copiar tan sólo lo anecdótico, y menos aún como el compromiso entre dos Estados para hacer de la extradición un medio de colaboración para reprimir la disidencia.

La reciprocidad a la que se refiere el artículo 13.3 tampoco puede concebirse sólo en un sentido particular, referido a las cuestiones que afecten a los procedimientos penales. La reciprocidad constitucional implica también la verificación de las condiciones generales de los Estados, es decir, equiparación y similitud en todo aquello que afecte directamente a la extradición y en mayor medida a la realización de los derechos y garantías más esenciales de los afectados.

En definitiva, este requisito constitucional de la reciprocidad ya no puede ser concebido tan sólo como un elemento político, hay que entenderlo también como garantía jurídica, como un medio que asegure la reciprocidad en cuanto a Derechos, incluso un estatus del sistema, unas condiciones mínimas de seguridad jurídica.

Es decir, la Audiencia Nacional, cuando resuelve una solicitud de extradición, no puede atenerse exclusivamente a la comprobación formal de los hechos denunciados (siempre difícil al producirse en otro Estado) y al contenido del tratado aplicable, sino que necesariamente debe atender también a las condiciones políticas del sistema, a los antecedentes y precedentes, a la información que puedan obtener en relación con la seguridad jurídica, es decir, a la vigencia real y efectiva de los mínimos principios de respeto a los derechos y a la vigencia de las garantías que integran lo que hemos definido como un Estado limpio, un Estado en el que se pueda confiar jurídicamente.

En un mundo globalizado de una manera tan deficiente, en este *casino global*, la extradición también puede y debe servir para que los Estados denuncien a aquellos otros sistemas que no reúnen las debidas garantías, rechazando o condicionando las solicitudes que éstos formulen. La extradición como instrumento en manos de los Estados desarrollados para denunciar a aquellos sistemas políticos que no ofrecen las más mínimas garantías.

No se trata de exigir al Estado requirente un estatus democrático concreto, sino el mínimo de limpieza, de seguridad jurídica para el respeto de los derechos más esenciales. Un mínimo para poder establecer relaciones de confianza, jurídicas, que favorezcan y posibiliten la cooperación en el ámbito penal.

Podría defenderse que es necesario regular la extradición con los sistemas políticos sin garantías para facilitar la resolución positiva por parte de estos de las solicitudes formuladas por nuestros Estados. Pero ello no es así. Si un sistema no ofrece las mínimas garantías jurídicas de nada sirve formalizar acuerdos jurídicos en base al principio de reciprocidad para facilitar la resolución positiva de las solicitudes. La resolución favorable de la extradición activa, en estos caso y con estos países, tendrá que lograrse mediante otros procedimientos políticos, incluso económicos, que nada tienen que ver con el principio jurídicos de reciprocidad, que así entendida exige un previo conocimiento entre los Estados, que existan relaciones, negociaciones y conversaciones, puesto que la reciprocidad constitucional es sinónimo de confianza mutua y complemento de la garantía de la reserva legal.

En definitiva, el precepto constitucional que estamos comentando concede al principio de reciprocidad no sólo una función limitadora sino también garantizadora, de categoría, de criterio sustancial informador de la extradición y de instrumento para facilitar la existencia de la *confianza mutua.*

Además, como requisito y principio constitucional que informa la extradición, la reciprocidad, a pesar de lo que viene regulado en la Ley Orgánica del Poder judicial (Art. 278), deberá ser valorada por el órgano judicial que autoriza la entrega mediante la realización de las mínimas averiguaciones aunque la prueba de cargo en muchos de estos procedimientos será por indicios, es decir, cuando el objeto de la prueba no es el constitutivo del delito, sino otro intermedio que permite llegar a él por inferencia lógica, a través de un proceso mental, razonado y acorde con las reglas del criterio humano.

En todo caso, resulta necesario comprobar si el Estado requirente pertenece a organismos internacionales de garantía, si hay convenios de extradición con los países democráticos y si éstos se han cumplido en ocasiones anteriores. En definitiva, si es respetuoso con los derechos humanos de acuerdo con la información que puedan facilitar organismos de Naciones Unidas como ACNUR y el correspondiente Ministerio de Asuntos Exteriores.

Ante este alcance del requisito de la reciprocidad puede objetarse que el juez debe aplicar la ley y sólo la ley y no le corresponde realizar valoraciones políticas. Pero no lo es menos que el procedimiento de extradición no es un procedimiento jurisdiccional, aunque sí jurídico y que, por lo tanto, en atención a su especialidad, la actuación de los jueces tiene y puede ser más discrecional y el ámbito de apreciación, de concreción de la norma, resulta mucho más amplio e indeterminado.

En nuestro sistema los jueces realizan una actividad exclusivamente jurídica, están sometidos a la Constitución y, por lo mismo, no pueden ignorar ni disponer la aplicación o no de la ley a la que están sometidos, al texto jurídico de la norma aplicable, ni pueden resolver en contra de la misma.

Ahora bien, la interpretación de lo consignado en el tratado o convenio ha de hacerse en su sentido actual, es decir, como un conjunto de hechos, valores y normas. Por lo tanto, cuando la Audiencia Nacional resuelve una solicitud de extradición sin aplicar directamente la Constitución, debe interpretar la normativa aplicable atendiendo a sus objetivos y efectos, interpretándolos, eso sí, sobre la base de una teoría jurídica y no de una filosofía moral, con argumentos y fundamentos jurídicos, con respeto a los derechos, valores y principios constitucionales e internacionales del extraditado, pero cuyo resultado debe ser ponderado respecto a la defensa del principio de seguridad internacional, que también afecta a nuestro Estado y que implica el respeto a la ejecución de las decisiones jurisdiccionales de carácter penal. Respeto que se consigue con la concesión de la extradición. Principio de seguridad que puede llevar a declarar la invalidez de los actos de los poderes públicos que lo desconozcan o ignoren, incluso atendiendo al principio de seguridad del Artículo 9.3 de la Constitución.

La seguridad también ha de entenderse en el ámbito internacional como la máxima certeza sobre el ordenamiento jurídico, sobre el cumplimiento de las normas internacionales. Es decir, como expectativas razonables de cuáles serán las actuaciones de los poderes en la aplicación del Derecho internacional y cuáles previsiblemente pueden ser sus efectos. Seguridad que implica legalidad, certeza, interdicción de la arbitrariedad, de tal suerte que permita prever las consecuencias de los actos.

No obstante y como ha señalado de forma reiterada el Tribunal Constitucional, estas averiguaciones sobre las garantías del sistema no exime al tribunal de valorar las acusaciones que en concreto se alegan por el extraditable.

Por ejemplo, en alguna ocasión Turquía alegó su condición de miembro del Consejo de Europa para que se autorizara la extradición que solicitaba al gobierno español y la Audiencia Nacional accedió a ella. Pero dicha resolución fue anulada por el Tribunal Constitucional, que argumentó que no se habían tenido en cuenta las concretas denuncias del extraditable sobre violación por parte del gobierno de Turquía de sus derechos más elementales.

En definitiva, ante la duda razonable y sobre la base del correspondiente juicio de proporcionalidad, la Audiencia Nacional debe denegar la extradición. Ahora bien, con la misma seguridad y convencimiento hay que mantener que si no se da esta duda fundada, debe acceder a la misma porque así lo exige el ordenamiento, el imperio de la ley y la defensa de la seguridad internacional y, fundamentalmente, porque de otra forma se corre el riesgo de destruir la operatividad de la extradición por una posición hipergarantista.

En este sentido, los poderes públicos españoles con competencias en la materia se verán en principio compelidos a favorecer la concesión de la extradición (para esto están los convenios) como un procedimiento para colaborar con el orden público internacional y luchar contra la impunidad y por la efectividad de los derechos de los terceros afectados, en definitiva por la justicia como uno de los valores superiores que se propugnan internacionalmente.

Ciertamente el Artículo 13.3 sólo hace referencia a las condiciones y requisitos para que la extradición pueda ser concedida, en cuanto se afirma que *«la extradición sólo se concederá ...»*, pero ello no excluye que la decisión denegatoria de una solicitud de extradición también debe tomarse de acuerdo con la Constitución, con sus valores, principios y garantías.

Cuando se deniega una petición de extradición también habrá que justificar la decisión como la mejor manera de defender los derechos del extraditable y razonar que estos, en el caso concreto, son más relevantes que la seguridad internacional y el derecho a la tutela judicial de terceros, que sin duda se verán afectados ya que la denegación impide la ejecución de la resolución judicial del país solicitante. Esto es así al margen de que esté prevista la posibilidad de juzgarlo por los mismos hechos en el país que la denegó, ya que, por regla general, el Estado solicitante pierde toda posibilidad de culminar un enjuiciamiento y ejecutar la condena y no podemos olvidar que una de las más importantes garantías para el funcionamiento y desarrollo del Estado de Derecho es el obligado cumplimiento de lo acordado por Jueces y Tribunales en el ejercicio de la actividad jurisdiccional, de tal forma que difícilmente puede hablarse de seguridad y tutela efectiva cuando no se cumplen las sentencias y decisiones judiciales firmes.

Claro está que este derecho a la tutela judicial efectiva, tal y como viene enunciado por la jurisprudencia constitucional, se refiere a las sentencias y resoluciones de los tribunales españoles. Pero por razones de solidaridad, incluso de coherencia, resulta indudable que también este es un principio que debe informar el derecho procesal penal a nivel internacional, para eso se aprueban las leyes y tratados de extradición y por eso la extradición ha dejado de ser una opción libre, discrecional de los gobiernos para convertirse en una medida que pretende proteger el *ius puniendi* estatal y la facultad procesal de activarlo, facultad entendida como un derecho a que se proceda *ius ut procedatur*, posibilitando la ejecución del fallo y la realización de los derechos de los terceros implicados. Una *acción penal* que ha sido conceptuada con frecuencia como un derecho al proceso penal, como un derecho subjetivo constitucional mediante cuyo ejercicio, a través de la puesta en conocimiento al órgano jurisdiccional, se solicita la apertura del proceso penal.

En este sentido, y a pesar del encabezamiento *sólo se concederá* ..., la extradición debe acordarse siempre que no existan obstáculos claros y dudas razonables en relación con el respeto a este mínimo contenido internacional de los derechos humanos, fundamentalmente aquellos más individuales, como la integridad, libertad, vida y tutela efectiva.

Así volvemos al inicio, la extradición pretende compatibilizar la lucha contra la impunidad y el derecho de las víctimas con los derechos de la persona afectada.

Pues bien, este contenido material de las constituciones, de su sistema de valores y de su pretensión de validez, junto con las competencias que todos los textos superiores otorgan a los tribunales, permite comprender el alcance y la importancia actual de la judicatura en el control de la extradición, así como que deba ser ésta directa o subsidiariamente la que controle la aplicación de este procedimiento, que en los Estados de Derecho debe estar sometido a la más rigurosa aplicación del principio de legalidad y con ello de constitucionalidad.

El juez Ronald David Bartle, en la Sentencia de los juzgados de Bow Street del Reino de España contra Augusto Pinochet de 8 de octubre de 1999, escribió:

> «Considero necesario insistir en que la decisión tomada sobre este caso se basar única y exclusivamente en el Derecho y si mi interpretación del Derecho es errónea, un tribunal superior enmendara mis faltas».

Pero no siempre se entiende la extradición de este modo. En nuestro caso y de acuerdo con la Ley de Extradición Pasiva, el procedimiento es mixto. A la Audiencia Nacional es a la que corresponde informar sobre la solicitud de extradición previa instrucción ante el correspondiente Juzgado Central. El Tribunal resolverá declarando procedente o improcedente la solicitud, y contra el auto, sólo cabe recurso de súplica ante el pleno de la Audiencia Nacional.

Dicha resolución sólo vinculará al Gobierno cuando la Audiencia Nacional desestime la solicitud de extradición. Si, por el contrario, la Sala la declara procedente, el Gobierno podrá denegarla, según se dice expresamente en la LEP, *en ejercicio de la soberanía nacional, atendiendo al principio de reciprocidad o a razones de seguridad, orden público o demás intereses para España.*

Pero la cuestión no es tan sencilla. Lo que la LEP denomina «informe» de la Audiencia Nacional hay que considerarlo como una resolución judicial sobre la solicitud de extradición de carácter vinculante y necesaria que adquiere la fórmula de auto, y que por lo tanto debe estar fundamentada, razonada y justificada en derecho.

Cuando el poder judicial no autoriza la extradición lo hace para proteger los derechos de la persona afectada, al considerar que los riesgos que entraña la concesión son superiores a los derechos de terceros y a la defensa del principio de legalidad y acción penal internacional. Las dudas surgen en el caso de que la autoridad judicial autorice la extradición y el gobierno decida no concederla a partir de criterios tan indeterminados como la «razón de Estado».

Como se ha dicho, lo normal debe ser la autorización de la extradición, más aún entre Estados culturalmente semejantes, entre Estados limpios, mientras que lo excepcional, la denegación, deberá estar justificado. Incluso en el caso de que sea adoptada por el gobierno que deberá razonar y explicar por qué deniega una extradición declarada como posible por la AN, tendrá que justificar que lo hace en defensa de un derecho más alto, o en aplicación de un principio, como puede ser la reciprocidad. Pero no le sirve, no resulta suficiente apelar simplemente a la soberanía del Estado, como sugiere la LEP, cuando un juez puede objetarle con argumentos jurídicos que no ha respetado los valores y principios constitucionales que deben fundamentar la interpretación y aplicación del correspondiente tratado. De tal forma que si no hay objeciones ni peligros de lesión de derechos, si existe tratado, acuerdo y se respeta el principio de reciprocidad por parte del otro, hay una cierta obligación de conceder la extradición por el gobierno.

La decisión no puede ser libre cuando se afecta con ella a derechos fundamentales de terceros. No sólo terceros extranjeros residentes en otro país, sino nacionales que pueden ser víctimas o partes implicadas en los procesos que dan lugar a la petición de extradición.

Tampoco puede admitirse sin discusión la actual normativa que no admite recurso a la decisión del gobierno. A pesar de la posición que frente a ello mantiene el Tribunal Supremo, no podemos olvidar que los derechos públicos subjetivos se garantizan como un derecho a la legalidad, es decir, como un derecho a oponernos, a no obedecer, a recurrir cualquier actuación que no venga impuesta por disposición expresa de la ley.

En ocasiones se intenta reducir este ámbito de control a los elementos reglados del propio acto, sin admitir que la finalidad de las potestades es también un elemento reglado de las mismas. La administración no puede en nombre de sus facultades discrecionales violar los principios y valores constitucionales que deben ser fiscalizables por los Tribunales a través de la técnica de la desviación de poder.

¿Qué quiere decir que tales materias son actos de Gobierno o políticos? ¿Quiere decir que la administración, en cuanto se trate de cuestiones sobre la extradición, puede obrar sin límite legal alguno? Se comprende que no hay ningún principio jurídico que pueda justificar una afirmación como esta, baste recordar la vinculación superior de todos los poderes del Estado con los derechos fundamentales. Si no hay recurso, los derechos resultan in-tutelables quedando como único medio de defensa activa frente a la administración la jurisdicción penal y ello no puede ser así.

Otra cuestión a comentar es que el artículo 13.3 sólo recoge la regulación de la extradición pasiva (*«la extradición sólo se concederá ...»*). Pero en cierto sentido, la extradición activa y pasiva son caras de la misma moneda, el mismo procedimiento visto desde la perspectiva del Estado que reclama al extraditable o desde la del Estado que ha de decidir si dicha acción se llevará a término. Por esto la extradición activa, aunque no de forma explícita, también está regulada en la Constitución, y si no se ha hecho de una forma más clara posiblemente sea porque resulte menos necesaria, si pensamos en los efectos que produce una solicitud de esta naturaleza.

Hay que tener en cuenta que con la extradición activa el Estado español se limita a solicitar que se le entregue una persona procesada o condenada que reside o se encuentra en otro país y, en sí misma, esta petición no puede afectar a los derechos del extraditable. En todo caso le afectaría, como es lógico, el posterior procesamiento y condena del Estado solicitante o las decisiones que tomen las autoridades del Estado requerido, y en ese momento le serán de aplicación las garantías ordinarias del sistema para cada una de las decisiones que se tomen.

La mera solicitud de extradición difícilmente puede ser limitativa de derechos. Lo que no quiere decir que la extradición activa no tenga su espacio propio de discusión, en mayor medida en relación con la justicia universal y como instrumento necesario contra los más execrables crímenes.

Otra de las más claras exigencias del artículo 13.3 es la reserva de ley: *La extradición sólo se concederá en cumplimiento de un tratado o de una ley...* Se trata de una reserva para la concesión y lógicamente no puede serlo para la denegación que es la consecuencia de la primera, de modo que la Constitución no prohíbe expresamente, por ejemplo, que la costumbre relacionada con el principio de reciprocidad pueda servir de fundamento a las decisiones gubernamentales que deniegue una extradición, aunque estas fuentes vienen subordinadas a lo que los tratados y las leyes digan.

El instrumento jurídico fundamental de carácter general, como ya hemos comentado, es el Convenio Europeo de Extradición, perteneciente al sistema de fuentes del Consejo de Europa. Constituye la norma básica en materia de extradición, que para los países de la Unión Europea se complementa con la Constitución y la Decisión Marco del Consejo de 13 de junio de 2002 que sustituye en parte al Convenio de Extradición de la Unión Europea y las demás normas que regulan internamente la extradición al menos entre aquellos Estados que las hayan desarrollado internamente.

También el artículo 13.3 de la Constitución establece que *No se concederá la extradición por delitos políticos*... Las dificultades a este respecto comienzan cuando se tiene que concretar el contenido de tales delitos, ya que no hay nada más dúctil que lo político hasta el punto que resulta difícil, incluso imposible, definirlo, y más aún si tenemos en cuenta que la propia extradición se ideó para extraditar a personas reclamadas precisamente por delitos políticos, y en no pocas ocasiones por hechos que ni siquiera pueden calificarse bajo ningún criterio como *delitos*, por simples conductas políticas, incluso actuaciones que disgustaban a los gobernantes. Recordemos como ejemplo el caso del presidente de la Generalitat Lluis Companys.

En la actualidad sucede exactamente al contrario, ya que los delitos políticos son la única prescripción extradicional de carácter sustantivo que se recoge en la Constitución. La cuestión a debate es concretar qué delitos deben ser considerados como políticos. Y ante tanta dificultad se ha intentado concretar el ámbito material del delito político por exclusión: es político todo delito que no es común, aunque se alegue un móvil político.

La Audiencia Nacional considera como delitos políticos la rebelión, la asociación subversiva, atentar contra los poderes del Estado, la conspiración política y delitos contra el régimen político, la tenencia de armas y explosivos, las detenciones ilegales y el robo perpetrado con finalidad política.

Pero a pesar de los intentos llevados a cabo, la normativa aplicable no puede eliminar las dificultades. Son muchas las variables que intervienen en la configuración de la naturaleza de los delitos y no todas son concretables en un precepto. Siempre habrá un alto grado de indeterminación en lo que se considere como *político*, que varía según el lugar y se modifica a través del tiempo.

¿Puede establecerse un sentido y alcance del término *político* a partir de la Constitución? Seguramente haga referencia a aquella clase de conductas que son lícitas en nuestros sistemas democráticos pero están prohibidas en los que no lo son. En este sentido, el límite de los delitos políticos es un límite hacia el exterior, hacia los países que no reúnen las mínimas garantías de respeto a los derechos. De este modo se viene a garantizar que el Estado español en ningún caso podrá conceder la extradición cuando los delitos en los que se fundamente tengan este carácter político, es decir, sean producto del ejercicio de los derechos políticos, de los derechos fundamentales.

Ahora bien, si entendemos los delitos políticos de esta forma resulta innecesario aplicarles un límite específico porque los supuestos amparados ya lo están por el requisito de la doble incriminación.

También es preferible la opción del Convenio Europeo de Extradición, que no realiza ninguna mención expresa de estos delitos, favoreciendo la entrega si cumplen con los requisitos de doble incriminación y mínimo penológico.

Es posible que el requisito de la doble incriminación por si solo no sea suficiente para prevenir estas conductas esencialmente antidemocráticas y resulte conveniente aplicarle también un límite de naturaleza política que tendría que estar más vinculado a la situación social y política del país solicitante, a la confianza jurídica, a la trasparencia, a su limpieza.

Ahora bien, si resulta difícil perfilar un concepto aceptable internacionalmente de delito político no lo es menos definir jurídicamente qué son *actos de terrorismo*, que es el límite del límite. Resulta evidente que los actos de terrorismo no pueden considerarse como delitos políticos: son delitos comunes que se califican como *terrorismo* debido a los efectos que provocan o pretenden provocar, fundamentalmente, el terror.

De nuevo vemos cómo la cuestión debiera estar más vinculada, al principio de confianza en el sistema penal del Estado requirente, a su valoración como un Estado limpio. De esta forma se evitarían decisiones sorprendentes de denegación de solicitudes por delitos terroristas de Estados como México o Bélgica y que llevó a España a iniciar el procedimiento de suspensión de ciertas normas del acuerdo de Schengen y recientemente a que el CGPJ enviara un escrito de protesta a las autoridades de aquel país denunciando la aplicación automática, mecánica, de su legislación penal y procesal.

Por el contrario, el Consejo de Estado francés recientemente a concedió a España la extradición de una persona por pertenencia a grupos terroristas y hace unos meses, un juez mexicano dictaminó que procedía la extradición a España de un argentino acusado de genocidio y torturas por la Audiencia Nacional, lo que demuestra un cambio en la valoración de los motivos de entrega.

Por último, considero que es necesario comentar un requisito tradicional de la extradición, el más común pero que, de manera muy acertada, no ha sido incluido en el artículo 13.3. Me refiero al requisito de la *nacionalidad* como límite para poder acordar la extradición, requisito que es la expresión más clara de la extradición como figura ligada a la soberanía del Estado e instrumento de su política exterior.

La formulación más contundente de este requisito la encontramos nuevamente en la exposición de motivos de la más que deficiente Ley de Extradición Pasiva cuando dice que dicha prohibición se sustenta en la propia *soberanía Estatal.*

También el requisito de la nacionalidad se utiliza frecuentemente como instrumento para dificultar las solicitudes de extradición activa. En nuestro país, erróneamente y hasta hace muy poco, la fiscalía consideró que el artículo 826.3 de la LECr prohibía la solicitud de extradición de extranjeros acusados de crímenes contra la humanidad, olvidándose o escondiendo el marcado carácter personal del artículo 23 de la LOPJ que de una forma expresa, clara y contundente autoriza la solicitud de extradición de extranjeros por delitos cometidos en el extranjero *susceptibles de tipificarse como, a) Genocidio. b) Terrorismo. c) Piratería y apoderamiento ilícito de aeronaves. d) Falsificación de moneda extranjera. e) Los relativos a la prostitución. f) Tráfico ilegal de drogas psicotrópicas, tóxicas y estupefacientes. g) Y cualquier otro que, según los tratados o convenios internacionales, deba ser perseguido en España.* Son los llamados delitos contra el denominado Derecho de Gentes (Delicta iuris gentium).

En relación con la extradición pasiva, un ejemplo significativo de la verdadera finalidad de tal requisito lo encontramos en Colombia, donde a instancias del quizá más importante narcotraficante se aprobó una normativa por el gobierno que prohibía la extradición de los nacionales, impidiendo de este modo que se autorizara su entrega a los EE UU. Más difícil resulta explicar la regulación constitucional de este límite en la Constitución alemana.

En nuestro caso, esta descontextualizada prohibición, cuya finalidad es la de amparar la impunidad de las personas y de los Estados, no se ha incluido en la Constitución, ni puede deducirse de su redactado, ni puede aplicarse a través de la LEP. La entrega de un nacional únicamente puede tener relevancia constitucional por aplicación del principio constitucional de la reciprocidad y por su inclusión como límite en el correspondiente tratado.

En primer lugar, no podemos olvidar que el artículo 13.3 de la Constitución española, al no incluir expresamente la prohibición de extraditar a los nacionales, tal y como se sugirió por parte de diversas enmiendas en el proceso de elaboración, se aparta conscientemente de lo que era y es una tradición no sólo legislativa, sino también de constituciones como la alemana, italiana, portuguesa, etc.

Por añadidura, la negativa a la extradición de un nacional no solamente fomenta la impunidad de los acusados por delitos contra la humanidad, sino que puede tener relevancia constitucional cuando con ella salgan perjudicados los derechos de las otras partes implicadas en el procedimiento, que incluso pueden ser titulares también de la nacionalidad española. La declaración de improcedencia de la solicitud de extradición tendría efectos en el derecho a la legalidad penal y efectividad de las resoluciones judiciales, principios y garantías que no dejan de tener una cierta fuerza de obligar en el ámbito internacional.

Con muy buen criterio, en nuestro caso, la propia Audiencia Nacional considera que la aplicación del artículo 3 de la LEP es supletoria a los tratados y, en general, al Convenio Europeo de Extradición, que no guarda silencio sobre la cuestión sino que simplemente prevé la facultad de denegarla.

De un modo aún más elocuente si cabe se expresa la Constitución Europea, que en su artículo 19.2, situado en la Parte II, dice:

> «Nadie podrá ser devuelto, expulsado o extraditado a un Estado en el que corra un grave riesgo de ser sometido a la pena de muerte, a tortura o a otras penas o tratos inhumanos o degradantes.»

En este contexto la cuestión analizada, es decir, la conformidad a la Constitución de la extradición de nacionales desde la perspectiva del derecho a la tutela judicial efectiva, no podría ser resuelta siempre en idéntico sentido, pues dependerá, al menos, de la existencia o no de Tratado y de las previsiones que éste establezca al respecto y, sobre todo, de las circunstancias que rodeen al caso, siendo la nacionalidad del extraditable una de aquellas a las que habrá que prestar singular atención.

En definitiva, podríamos concluir estas notas diciendo que la extradición está adquiriendo una importancia que antes no tenía. Es un procedimiento imprescindible en estos momentos de globalización para la defensa y homogenización de un contenido mínimo de derechos y garantías al establecer elementos objetivos para definir el estatus internacional necesario para fundamentar el principio de *confianza mutua* en las relaciones entre los sistemas, para calificarlos como Estados limpios.

No obstante, su configuración jurídica estatal e internacional adolece de una gran indeterminación y confusión. Ante esto, el trabajo que he resumido en estas páginas pretende contribuir, siquiera mínimamente, a establecer los parámetros a partir de los cuáles puede desarrollarse una teoría de la extradición válida internacionalmente y efectiva para la defensa de los derechos fundamentales y la cooperación internacional en la lucha contra la impunidad.

Posiblemente la novedad del trabajo radique en que constituye una de las primeras aproximaciones al estudio de la extradición desde el Derecho constitucional y sus resultados creo que demuestran sobradamente la necesidad y el acierto de escogerlo como tema de investigación. Sólo me cabe esperar que su contenido anime la realización de otros muchos y que aquellos que lo hagan disfruten tanto en la tarea como el que con esto termina.

HERMENÉUTICA Y CONSTITUCIÓN[1]

¿CÓMO LEER LA CONSTITUCIÓN? ¿Cómo podemos interpretarla? ¿Cuáles son las técnicas, los métodos más idóneos para establecer su sentido y dónde debemos aplicarlos? Éstas son las primeras y más fundamentales preguntas del jurista y tanta es la preocupación que resulta pretencioso y desde luego difícil intentar abordarlas. Podemos realizar una aproximación más o proponer algún enfoque nuevo, pero sin pretender construir una teoría de la interpretación técnicamente perfecta, congruente y lógica, sino práctica y sencilla, útil para afrontar con ella los problemas que se nos presentan, adecuada para aplicar y desarrollar el texto normativo que hoy nos ordena, y sencilla, es decir, válida para que el más común de los jueces pueda aplicarla. *Recordemos que la mejor teoría de la interpretación es la mejor para la mejor Constitución y lo mejor no es lo más probable.*

Inevitablemente repetiré lo que ya se ha dicho, que no por ello queda sentenciado. Podemos decirlo de nuevo sin tener que repetirlo variando el énfasis en algunos de sus criterios, porque si algo tiene interés, éste reside no en lo que ha dicho, sino en lo que constantemente sigue diciendo. Y lo

[1] *Revista de las Cortes Generales,* n.22, primer cuatrimestre 1991.

haré sin miedo a las equivocaciones que han hecho rico, profundo y matizado nuestro mundo, sin buscar el orden perfecto y lógico, porque todo orden esconde generalmente el caos, omitiendo las opiniones sobre aquello que ignoro y sin decidir soberanamente lo que se me escapa. Sin rechazar la generalidad, prestando atención al entramado vital en el que se desarrollan las actividades interpretativas, sin adoptar actitudes despectivas hacia el caso particular, pero *sin hilar la tela tan fina que sea imposible tejerla*.

Intento, partiendo de lo concreto, es decir, del estudio referido a problemas concretos, actualizar conceptos y aproximar si es posible los criterios, los parámetros que enmarcan la interpretación de nuestra Constitución y para ello necesitamos tener una idea general que, partiendo de lo concreto, nos permita dirigir lo particular hacia sus más convenientes soluciones; porque para llegar a precisar el contenido y el alcance de una teoría de la interpretación, con un sentido a la vez complejo y completo, debemos evitar dos peligros contrapuestos: un exceso de generalidad, pero también un particularismo desmedido.

La tarea que me propongo tiene entonces raíz kantiana, trazar los límites de la interpretación –¿Hasta dónde podemos interpretar la Constitución?–, y este límite que de suyo tiene gran interés debemos trazarlo en las técnicas que empleamos y en el lenguaje en que éstas se expresan.

Podría pensarse que lo esencial de una interpretación son entonces las premisas y la conclusión, y no es así. En todo cálculo, en toda demostración, en toda interpretación lo importante son las fuentes que usamos, y usar una determinada fuente implica sujetarse a reglas y las reglas son lo esencial en toda interpretación, porque nos permite producir y transformar sus signos, sus palabras. Y dichas reglas, al igual que las técnicas, se aprenden. *La interpretación no es más que adiestramiento previo.*

Una vez precisada y limitada una técnica podemos aplicarla a innumerables ejemplos concretos. La habilidad del jurista no se encamina entonces a tener siempre a mano verdades, sino ante todo en su capacidad para reconocer y resolver los problemas jurídicos. ¿En qué consisten estos problemas? En gran medida en confusiones conceptuales, en ambigüedades e insuficiencias del lenguaje. Ante ello, el jurista debe ejercer sus habilidades tanto para detectar los enredos como para proceder técnicamente a su disolución, sin olvidar que interpretar es decir lo que parece más ajustado, lo que «parece» y no lo que es, siempre puede haber criterios de corrección y adaptación porque ninguna interpretación agota lo interpretado, sólo sirve para brindar materiales con los cuales otro jurista pueda ir fabricando la suya. La verdad en Derecho siempre es oscura y esto, a fin de cuentas, es lo que nos salva.

Por tanto, no pretendo que todos los hechos conocidos concuerden con las conclusiones de esta investigación. Ni siquiera aquellos trabajos basados en experimentos y medidas de la más alta precisión y fiabilidad lo consiguen. Así es como el punto de vista copernicano era, en tiempos de Galileo, inconsistente con hechos tan obvios y simples que el mismo Galileo hubo de considerarlo «seguramente falso». La Teoría de la gravitación de Newton se vio rodeada desde el principio por un número considerable de dificultades lo bastante serias para prever material para las refutaciones. No se puede renunciar a la razón de una teoría por muchas dificultades y hechos que la contradigan. El procedimiento más común ha sido olvidarse de las dificultades y proceder como si la teoría fuera impecable, porque la falsación de la historia se encarga de perfilarla, y esta actitud sigue siendo común.

Si admitimos solamente aquellas teorías que sigan a los hechos, de acuerdo con Hume, nos quedamos sin teorías. Ninguna es consistente con todos los hechos. Tan sólo son «aproximaciones». Nuestro material científico, leyes, resultados experimentales, técnicos, no deja de ser un material ambiguo, contaminado por principios que no conocemos, sensaciones, impresiones, sentidos, lenguajes atados a viejos niveles; elementos de difícil control, hasta el punto que una teoría puede ser inconsistente con los hechos, porque no sean tales hechos y no porque no era correcta. Investigar no es más que movimiento, aproximaciones a un objeto y el criterio científico no es el único al que tenemos que prestar atención. No debemos engañarnos con la ciencia, aunque tampoco creamos, siguiendo a Bergson, que el verdadero conocimiento lo dé el instinto (*Durée et simultaneité,* París, 1922). Lo que sí parece cierto es que cuanto más sólido, bien definido y espléndido es el edificio erigido por el entendimiento, más ingenioso es el deseo de la vida por escapar de él hacia la libertad.

Por eso, la razón que debe presidir el pensamiento científico y nuestro comportamiento diario es la que tiene en cuenta las distintas variables de los contextos, de las circunstancias, la que sabe la imposibilidad de definir de una manera rigurosa lo que es un conjunto global de presupuestos la que actúa por conjeturas, por cálculos, por probabilidades, corriendo el tiro, provocando y equivocándose. Como dice Savater, el mejor teórico sobre cualquier tema no es aquél que más acierta, sino aquél cuyos errores resultan más estimulantes y fecundos.

Pues bien, es sabido que interpretar el Derecho es fundamentalmente aplicarlo, puesto que toda aplicación en mayor o menor medida implica una determinada interpretación, es decir, atribuir un significado a la norma, y esta averiguación requiere que se aclare su sentido. Así suele sostenerse hoy que toda norma, desde la más general y fundamental a la más individualizada, contiene un marco interpretativo que ha de ser fijado y colmado por normas inferiores, por decisiones de contenidos más pormenorizados y singularizados o por actos de ejecución de éstos. La interpretación como acepción general no está vinculada solamente a los casos de oscuridad de la norma, sino a toda aplicación de ésta a la realidad[2].

---

[2] No alcanzo a ver la distinción que realiza Hesse entre interpretación y actualización. Es posible que partiendo de un concepto de interpretación como la actividad técnica

Aplicar el Derecho es entonces crear una norma inferior como resultado de la interpretación de una norma superior. Es un acto de voluntad y esto es verdad tanto de la ley respecto a la Constitución, de la sentencia judicial respecto a la ley, como de la sentencia del Tribunal Constitucional respecto a la Norma fundamental porque realiza la interpretación constitucionalmente adecuada[3].

La norma superior tiene en todos los casos el carácter de un marco que dicho acto se encarga de llenar. En este sentido, «realización» de la Constitución e interpretación aun no siendo sinónimos están íntimamente rela-

---

mediante la que se solventan las lagunas o insuficiencias de la norma esté clara, pero si entendemos la interpretación como lectura de un texto que requiere de una teoría específica, toda realización implicará interpretación. Ver K. Hesse, *Escritos de Derecho constitucional*, Madrid, 1983.

Ha señalado Renato Treves que la interpretación de las leyes es uno de los problemas fundamentales que el Derecho plantea continuamente en su desarrollo vital y que el jurista nunca logra resolver con los medios de su propia ciencia. Prólogo a Max Ascolti, *La interpretación de las leyes. Ensayo de una filosofía del Derecho*, traducción castellana de R. Smith, Buenos Aires, 1947, pág. 8. En fecha reciente, ha expresado la misma idea Martín Kriele. Ver A. López Pina, «División de poderes e interpretación y jurisprudencia constitucional». *Revista de Estudios Políticos*, núm. 69, 1990.

[3] Comúnmente se mantiene que la función del juez no es creadora, sino garantizadora, que dice el derecho, pero no lo crea libremente, «ex novo». Por supuesto que el juez sólo descubre el derecho, que no se lo inventa, pero en todo descubrimiento hay creación, por muy sujeta que esté su actividad a parámetros y técnicas jurídicas, e mayor medida si lo que aplicamos es la Constitución con normas estructuralmente distintas a las ordinarias y que no responden a la estructura típica supuesto de hecho-consecuencia jurídica. Ver M. Aragón, *Constitución y democracia*, Madrid, 1989; F. Rubio Llorente, «Problemas de la interpretación constitucional», *Revista jurídica de Castilla La Mancha*, abril-agosto, 1988. A. J. Porras Nodales, «Introducción a una teoría del estado postsocial», *PPV*, 1988.

Esta dimensión creadora del juez se expresa claramente en la STC 15 de febrero 1990: «la interpretación aislada del artículo 113.2 da a entender que, decretada la nulidad, la nueva convocatoria ha de efectuarse en "la circunscripción correspondiente", porque la nulidad debe extenderse a toda la elección celebrada, y ello aunque el vicio relevante esté constreñido a una sola mesa y ponga en cuestión la adaptación de un solo escaño. La interpretación sistemática finalista y con dimensión constitucional conduce, por el contrario, a una lectura distinta del precepto, integrándolo en la voluntad manifiestamente conservadora de los actos electorales y válidamente celebrados, y el de la necesaria proporcionalidad entre actos y consecuencias cuando éstos afectan a derechos fundamentales».

cionados, porque se debe realizar la Constitución actualizándola y para ello se interpreta[4].

La aplicación no puede entonces consistir exclusivamente en determinar que efectivamente se ha producido el hecho y que deben, por tanto, darse las circunstancias que la ley requiere. El juez hace algo más que subsumir el supuesto de hecho en la norma a aplicar, porque la ley no tiene un contenido inequívoco, unívoco, de significado único y evidente por sí mismo, o accesible mediante métodos de interpretación que conduzcan al único significado verdadero del texto. No creo que exista una interpretación que sea la única lógicamente correcta, la corrección lógica no es por lo general el único límite infranqueable, porque la ley y en mayor medida la Constitución no es en la mayoría de los caos completa, ni clara y tiene lagunas que no pueden colmarse mediante la exégesis. El mecanicismo es irreal en la vida del Derecho moderno, que es complejo y contradictorio y no está predeterminado en todos sus extremos. Generalmente hay un margen de libertad en su aplicación, una posibilidad de opción entre sus diferentes sentidos[5]. *Sólo la tiranía se alimenta de la idea de que el juez o el legislador no tienen elección.*

Esto no quiere decir que la interpretación sea una actividad libre, discrecional, porque está condicionada por un procedimiento reglado. El intérprete se somete a la norma y a la teoría y reglas que permiten aplicarla, pero siempre se dará un margen de discrecionalidad de libre apreciación y esta valoración no es incompatible con la objetividad más rigurosa, porque

[4] K. Hesse, ob., cit., A. Enrique Pérez-Luño, «La interpretación de la Constitución», *Revista de las Cortes Generales*, núm. 1, 1984, pág. 82. Sobre la crítica de la interpretación como subsunción, ver M. Kriele, *Theorie der Rechtsgwinnung entwickelt an Problem der Verfassumgsinterpretation*, Berlín, 1976, donde insiste en asumir desde premisas filosóficas la interpretación constitucional.

[5] José Asensi, *Constitución y Derecho Constitucional,* Tirant lo Banch, 1996. A. López Pina, *División de poderes e interpretación*, Madrid, 1987. M. Reale, «Para una hermenéutica estructural», en *Estudios en honor al doctor Luis Recasens Siches*, México, 1980, vol. I, pág. 763.

interpretar no es hallar por un procedimiento intelectual normas de derecho ya existentes, sino crear por un acto de voluntad una norma nueva que no existía en el orden jurídico hasta el momento de ser creada, y esta actividad es subjetiva y objetiva. Subjetiva porque siempre existe un margen de libertad y objetiva porque dicha actividad está sujeta técnicamente a principios, es una actividad científica, vinculada a los parámetros normativos y a la teoría de la interpretación que garantizan que los juicios de valor no caigan en los excesos del «Derecho libre»[6].

La interpretación de la Constitución, de la ley, la interpretación con vistas a la solución de casos concretos, sea por el juez en la sentencia o por una resolución de la Administración, deja de ser arbitraria si está fundamentada y justificada, si se realiza del «modo» que requiere cada instancia, pero por ser interpretación contiene un margen de libertad sin el cual no habría decisión. Toda interpretación, en mayor o menor medida, implica creación porque se elige la opción en función de las consecuencias, porque se justifica por los fines[7].

No obstante, el marco de actuación discrecional no es el mismo para la Administración, el legislador o el juez. El poder legislativo, por ejemplo, o ejecuta la Constitución, actúa con plena libertad en el marco jurídico apto para el protagonismo de las distintas opciones políticas. Actúa con plena libertad entre los límites establecidos, límites en algunos casos abstractos y generales, característicos de las normas constitucionales y que resultan no sólo del tenor literal del enunciado normativo, sino también y sobre todo del sistema que es, por definición, amplio y abierto.

[6] K. Hesse, ob., cit., pág. 75. E. Betti, *Teoria generale dell'interpretazione*, Milán, 1955.

[7] En este sentido y como es sabido, se ha pronunciado nuestro Tribunal: «La Constitución incorpora un sistema de valores cuya observancia requiere una interpretación finalista de la norma fundamental», S. T. C. 21/81.

Existen, por tanto, diferencias según sea el objeto que se interprete, y aun siendo la Constitución no es lo mismo según quien lo haga. Es sabido que la interpretación de la Constitución, entendiendo la interpretación en su sentido más general y común, entendiéndola como la lectura del texto, no es una función monopolizada por el Tribunal Constitucional, ni siquiera por los jueces, es una teoría ejercida de ordinario por múltiples operadores públicos y privados. *Pero toda lectura (interpretación) o tiene la misma validez ni tampoco eficacia, puesto que ésta depende de quien interprete y, por tanto, de cómo lo haga.*

No es conveniente entonces emplear el concepto de interpretación en términos tan generales, aunque lo limitemos señalando el objeto, interpretación de un decreto o de una ley, es conveniente precisar más de qué interpretación estamos hablando y, por tanto, cuál es el modo de realizarla.

Es cierto que todos los aplicadores del derecho interpretan y que todo es susceptible de interpretación, lo hacen los jueces, legisladores, Administración y ciudadanos. Todos necesitan interpretar porque todos necesitan actuar. «Es claro que el Tribunal Constitucional es el intérprete supremo de la Constitución, pero también lo es que constitucionalistas y juristas de cualquier otra especialidad interpretan sus interpretaciones».[8]

La interpretación en este sentido general y común es la actividad que nos permite conocer y comprender, la que nos permite actuar. Toda «lectura» es entonces interpretación, pero lo que entendemos nosotros por interpretación se diferencia en el «modo», en el cómo la realizamos. Modo que viene determinado por el objeto y determina el sujeto, el método, la validez y su eficacia. Como escribe el profesor Raul Morodo, la forma de interpretar nos permite diferenciar la interpretación jurídica de la Constitución de su interpretación política[9].

[8] F. Tomás y Valiente, «Tribunal Constitucional y crítica constituciona», *Revista jurídica de Castilla-La Mancha.*

[9] R. Morodo, «La reforma constitucional y sus límites», *Revista de Ciencias Sociales*, Puerto

La aplicación jurisdiccional del Derecho Constitucional tiene que fundamentarse en una teoría, en premisas aceptables generalmente, evitando las opiniones personales, pero no las peculiaridades extrajurídicas ni las consecuencias particulares de la decisión. Como escribe Bachof, «las consecuencias políticas de una decisión judicial no pueden ser ignoradas al tomar la decisión, pero la búsqueda de las medidas correctoras de esas consecuencias no deben salirse de las fuentes que el propio ordenamiento ofrece»[10]. Las decisiones judiciales deben fundamentarse en criterios generales que las hacen uniformes en el tiempo y en el espacio, sometiéndose a la norma y respetando el precedente por seguridad, igualdad y uniformidad del derecho.

Los jueces realizan una actividad objetiva, crean normas jurídicas con sujeción a parámetros normativos preexistentes y no disponibles, desarrollan la norma superior necesariamente, la aplican y esta aplicación se fundamenta en razones jurídicas, es una actividad reglada que no elimina el mínimo-máximo de actuación libre, de opción entre los diversos sentidos de una misma palabra, porque las normas no son ideológicamente neutrales[11].

Rico, 1970. De ordinario se fundamenta esta distinción en el sujeto que la realiza, pero la naturaleza del sujeto viene determinada por el modo de interpretación, y así la interpretación jurídica de la Constitución debe ser realizada por jueces, por órganos preparados para dicha actividad, que tengan conocimiento técnico del derecho, capacesde precisar, verificar y componer los límites de la ley, sinentrar en el controvertido tema de la naturaleza política o jurídica del Tribunal, tema tratado entre otros por M. Martínez Sospedra, «El Tribunal Constitucional como órgano político», en el volumen *El Tribunal Constitucional,* Instituto de Estudios Fiscales, vol. II, 1981, pág. 197 y sigs. Caretti y Cheli, la observación de las diversas experiencias europeas muestra la tendencia general expansiva que lleva a los tribunales constitucionales a deslizarse hacia un terreno que parece resultar extraño a su esfera de competencia. P. Caretti y E. Cheli, «L'influenza dei valori constituzionali sulla forma di governo il ruollo della iustizia constituzionale», en *L'influenza dei valori constituzionali sui sistema gioridici contemporanei*, a cura di A. Pizzorusso y V. Varano, Milán, 1985, vol. II, pág. 1.021.

[10] E. Tierno Galván, «Especificación de un Derecho constitucional para una fase de transición», *B. I. C. P.,* núm. 10, 1972. M. Aragón, ob., cit., pág. 129.

[11] F. Rubio Llorente, ob., cit., pág. 39: «El juez constitucional crea normas constitucionales que por serlo no pueden ser modificadas ni desconocidas por el legislador. Naturalmente no las crea "ex nihilo", sino como derivación de un derecho más alto cuyo sentido sólo él puede precisar». P. Lucas Verdú, *Curso de derecho político*, vol. II, Madrid, 1978. M.

Por el contrario, la creación política del derecho, la potestad legislativa, tiene un carácter subjetivo y responde a una libre apreciación realizada por el legislador, aunque limitado y en la medida que lo permita la norma fundamental, que no impone soluciones únicas para cada problema, pero que no es sólo límite político, sino también jurídico. El legislador no interpreta jurídicamente la Constitución cuando crea derecho. Por el contrario, justifica y razona sus decisiones con criterios de oportunidad o conveniencia.

El legislador, al desarrollar la Constitución opta libremente entre las posibilidades que le permite el marco jurídico fundamental, entre los límites que le impone la Constitución que asegura su cumplimiento a través de medios de control y de garantía[12]. No puede aclarar el sentido y alcance jurídico de las normas constitucionales. No tiene capacidad para precisar sus propios límites, puesto que están vinculados a los principios de supremacía y supralegalidad. Sólo pueden crear en el marco que la norma superior les autoriza.

Por ejemplo, el Gobierno y el Parlamento no pueden imponer una moral obligatoria para todos, un «orden» prioritario en cuya celosa persecución se unifique la sociedad en torno a sus dirigentes estatales. No pueden

---

Luisa Balaguer Callejón, *La interpretación de la Constitución por la jurisdicción ordinaria*, Civitas, 1990.

[12] Carlos de Cabo, *Dialectica del sujeto dialéctica de la Constitución*, ob, cit. Como señala M. Jiménez de Parga, en su comentario a la sentencia del Tribunal Constitucional 76/83, se le niega al legislador la facultad de dictar normas meramente interpretativas porque reduce las posibilidades o alternativas del texto. En el mismo sentido, J. Pérez Royo, «El Tribunal Constitucional y la división de poderes», *Revista Jurídica de Castilla-La Mancha*, ob., cit., pág. 73 y sig. M. Aragón, «La interpretación y el carácter objetivado del control jurisdiccional», *Revista Española de Derecho constitucional*, núm. 17, Madrid, 1986, pág. 97. «La tendencia de esta concepción de la Constitución como norma directamente aplicable se percibe de inmediato ... Cualquier norma que le esté subordinada depende en su validez de su conformidad con el contenido no sólo formal, sino también material de la Constitución. La ley es ya controlable por un órgano que puede dejarla fuera del ordenamiento», T. De la Cuadra, ob., cit., pág. 133. J. Jiménez Campo, «Algunos problemas de interpretción en torno al título X de la Constitución», *Revista de Derecho Político*, UNED, núm. 7, 1980.

imponer un totalitarismo moral que permita la persecución del modo más democrático sustituyendo así a las antiguas cruzadas.

En este sentido, la Constitución no nos dice cómo es el Estado, sino cómo no puede ser, señalando hasta dónde puede actuar el principio fundamental del pluralismo[13]. El legislador realiza una labor política porque desarrolla la Constitución, incluso cabría decir que la aplica, pero como cauce y límite[14].

En ocasiones el dictado de normas interpretativas por el legislador es un operación necesaria. Por ejemplo, para unificar los criterios de los aplicadores. Y hasta puede considerarse que son imprescindibles en las organizaciones complejas para orientar y dirigir la voluntad expresada en la norma. Pero estas interpretaciones son políticas, no jurídicas. Las realizan los políticos y tienen como misión explicar, orientar y dirigir el desarrollo de la decisión adoptada. Su eficacia es, por tanto, limitada y no puede establecer el sentido y alcance jurídico y, por tanto, vinculante de la norma constitucional porque su modo de interpretar no lo permite. Y no creo que ello se reduzca sólo a un problema de eficacia, porque si el legislador o cualquier otro realiza una interpretación de la Constitución con pretensiones jurídicas está realizando una actividad para la que no es competente, y cuando un órgano, institución o poder hace algo que no debe su actuación es nula.

El legislador, la Administración, los ciudadanos pueden anticipar el sentido y alcance de las normas constitucionales y en esta medida interpretan el texto. Pero la interpretación sólo será acerada si anticipa el razona-

---

[13] Sobre un pluralismo jurídico de nuevo tipo y la Constitución ver en Carlos de Cabo, *El Común. Las nuevas realidades constituyentes desde la perspectiva del constitucionalismo crítico*, Editorial Trotta, Madrid, 2017.

[14] En la S.T.C. 38/83, FJ 5 y 6 señala: «Las profundas diferencias entre el régimen anterior y el actual ponen de manifiesto que el legislador puede disponer de una variada gama de soluciones ya que en el Estado de Derecho, organizado en un sistema de competencias, cada órgano puede actuar libremente sin extravasar la suya propia», FJ 6. Y como la Constitución «nada disciplina al respecto», la alteración operada en nuestra ley significa simplemente que «el legislador abandona unos criterios para aceptar otros».

miento jurídico del Tribunal. Por eso es preferible y más correcto referir sólo al juez la función de interpretar.

Por ejemplo, como escribe el profesor Muñoz Machado, «una ley puede interpretar a otra ley, que por ello tiene la fuerza general que es común a las leyes, porque procede del mismo que dictó la ley interpretada. Pero debe hacerlo de conformidad con la norma más alta. No puede decirse lo mismo de una ley que interprete la Constitución o de un decreto que interprete la ley, porque no está hecha del modo ni por el sujeto encargado. No puede, por ello, tener una validez general. No es una interpretación auténtica»[15]. «Pongamos por caso una circular dictada por cualquier autoridad ministerial que interprete cualquier norma, puede ser una interpretación válida políticamente, como orientación a los afectados, pero no puede ser una interpretación válida jurídicamente, una interpretación auténtica, porque tendrá efectos tan sólo en el interior de la Administración y en el seno de la línea jerárquica de autoridades y funcionarios subordinados a su autor.» «Pero además, siempre que no contradiga la interpretación que de la Constitución realiza el Tribunal Constitucional o la interpretación política que realiza el legislativo»[16].

---

[15] José Asensi Sabater, *Constitucionalismo y Derecho constitucional*, Editorial Tirant lo Blanch, 1996. S. Muñoz Machado, «La interpretación de la Constitución, la armonización legislativa y otras cuestiones», *R. E. D. C.*, núm. 9, pág. 140 y sigs. G. Tarello, *La interpretazione della legge*, Milán, 1980. F. Rubio Llorente, ob., cit., J. Pérez Royo, *El Tribunal Constitucional y la división de poderes*, Tecnos, págs. 31 y 33.

[16] José Asensi Sabater, *Constitucionalismo y Derecho constitucional*, Editorial Tirant lo Blanch, 1996. S, Muñoz Machado, ob., cit., pág. 141 y sigs. La diferencia entre discrecionalidad administrativa y libertad del legislador ha sido tratada por F. Rubio Llorente, ob., cit., pág. 38 y sigs.; fundamentalmente, en la actuación discrecional de la administración se da una relación con unos fines u objetivos que vienen dados por la ley y por tanto son indispensables para la administración. El legislador, por el contrario, no es sólo dueño de los medios, sino también de los fines. La diferencia. Ya ha sido objeto de análisis por el T. C. en el recurso previo de inconstitucionalidad en el que se impugnaba el proyecto de ley orgánica que modificaba la del propio Tribunal, suprimiendo el recurso previo. J. Pérez Royo, ob., cit., pág. 37 y sigs.

Por eso conviene especificar más de qué interpretación estamos hablando[17]. Por ejemplo, en la muy comentada sentencia sobre la L.O.A.P.A. se declara la inconstitucionalidad de diversos preceptos del proyecto de ley enjuiciado en base a un mismo argumento: los artículos en cuestión contenían normas meramente interpretativas de la Constitución y el legislador carece de potestades para establecer este tipo de normas. La doctrina de la sentencia es la siguiente:

> «El legislador estatal no puede incidir directamente en la delimitación de competencias mediante la interpretación de los criterios que sirven de base a la misma. Es cierto que todo proceso de desarrollo normativo de la Constitución implica siempre una interpretación de los correspondientes preceptos constitucionales realizada por quien dicta la norma de desarrollo. Pero el legislador ordinario no puede dictar normas meramente interpretativas, cuyo exclusivo objeto sea precisar el único sentido entre los varios posibles, que deba atribuirse a un determinado concepto o precepto de la Constitución, pues al reducir las distintas posibilidades o alternativas del texto constitucional a una sola, completa de hecho la obra del poder constituyente y se sitúa funcionalmente en su mismo plano, cruzando al hacerlo la línea divisoria entre el poder constituyente y los poderes constituidos. No puede olvidarse por otra parte que en la medida en que los términos objeto de interpretación son utilizados como criterios constitucionales de atribución de competencias, las fijación de su contenido por el legislador estatal supone a su vez una delimitación del contenido y alcance de aquellas competencias que se definen por referencia a ellas».

[17] S. Muñoz Machado, ob., cit., pág. 139 y sigs. Pero a su vez, la creación política de normas que viene dirigida y limitada por la Constitución es un límite para el Tribunal que afirmó en la sentencia 86/82 que el Tribuna se ha de circunscribir a determinar la conformidad con la Constitución de la ley impugnada sin que en ningún caso pueda convertirse «en un juicio de valor acerca de si la regulación adoptada es o no la más oportuna». Esta delimitación la ha expresado el Tribunal reiteradamente respecto al ámbito del poder judicial: «No corresponde a este Tribunal emitir otros pronunciamientos relativos a la calificación jurídica de los hechos objeto del procedimiento previo», S. T. C. 98/89.

El finalidad de la sentencia es evidente y, como se ha comentado, está plenamente justificada, pero es posible que no se usen las soluciones más claras que ofrece la teoría[18].

Las interpretaciones de conceptos generales que no estén inmediatamente vinculadas a las regulaciones concretas que la ley contiene, son inconstitucionales porque el legislador se extralimita en sus atribuciones, no porque tengan carácter general. Son inconstitucionales porque el legislador realiza una actividad que pretende ser jurídica, técnica, científica, porque pretende realizar la interpretación jurídica de la Constitución, y este modo de interpretar corresponde exclusivamente a los jueces, y en este caso al Tribunal Constitucional. El legislador interpreta la Constitución porque opta y elige el desarrollo, pero no puede establecer jurídicamente su sentido y alcance. Es el modo de interpretar el argumento que debería justificar la inconstitucionalidad[19].

Así la interpretación constitucional es concretamente la interpretación judicial de la Constitución, actividad que el juez lleva a cabo para determinar mediante un razonamiento fundado en derecho su sentido. Y esta actividad conlleva la necesidad de que exista una instancia que pueda resolver la duda determinando con precisión el sentido de la norma constitucional, esto es, un Tribunal[20].

[18] El Tribunal Constitucional se pronunció sobre el tema de las «sentencias interpretativas» en su decisión de 13 de febrero de 1981, y matizó su postura en la sentencia de 8 de abril de 1981. S. Muñoz Machado, ob., cit., pág. 132 y sigs. J. Pérez Royo, ob., cit, pág. 50 y sigs.

[19] Sobre la interpretación de la Constitución hecha por la ley, existe una extensa doctrina,. Me remito a los comentarios que sobre dicha sentencia ha realizado el profesor M. Jiménez de Parga, «Seis años de Tribunal Constitucional», en *El Tribunal Constitucional y su jurisprudencia*, Albacete, 1988.

[20] «En muchas ocasiones se ha afirmado que el T. C. está subordinado a la Constitución. Los positivistas y realistas, por lo menos algunos de ellos, han considerado que esta afirmación no era más que una mentira piadosa que servía para ocultar el poder político del ljuez, sostiene Calsamiglia, que probablemente la tesis de Dorkin pueda contribuir a comprender lo que el hombre de la calle ya sbe, que los jueces no tienen un gran poder

Otro problema común a todos estos tribunales constitucionales y posiblemente el más difícil, es saber si la acción de éstos, el control que ejercen sobre el Parlamento es suficientemente democrático. Problema que no voy a tratar aquí, aunque a la vista de la lógica democrática no es un tema ni pacífico ni sencillo[21].

El juez realiza entonces una actividad jurídica objetiva, porque interpreta el derecho científicamente, con la teoría, mediante reglas y técnicas que se le imponen, pero optando entre las diferentes posibilidades y justificando y fundamentando su decisión en razones jurídicas, técnicamente, profesionalmente, objetivamente. Puede elegir el criterio, la regla o técnica predominante, pero queda sujeta a ella.

La interpretación jurídica de la Constitución es entonces una actividad en la que intervienen múltiples factores, objetivos y subjetivos. Interviene la propia formación del intérprete, del juez, con sus humores, sus emociones, sus sentimientos, factores compensados al ser la decisión colegiada. El juez piensa quién es y dónde está o no piensa nada. Piensa en su lengua, piensa en su tradición, su presente y su desaparición. Estos conte-

---

político». Manuel Aragón Reyes, «La ilegalidad de la ley y la soberanía del Juez», *La Ley*, 16 de junio de 1997. Como dice también el canon 17 del Codex canónico: «La interpretación auténtica de las leyes compete al legislador, a su sucesor y a aquél a quien los mismos hubieran concedido la facultad de interpretar», citado por S. Muñoz Machado ob., cit., pág. 139. I. de Otto, «La posición del Tribunal Constitucional a partir de la doctrina de la interpretación constitucional», en la obra colectiva *El Tribunal Constitucional*, Madrid, 1984. J. Solé-Tura destaca esta función del Tribunal Constitucional como órgano clave en la delimitación final de las competencias, en «La jurisprudencia constitucional y el estado de las autonomías», *Anuario de Derecho político*, Barcelona, 1983.

[21] J. Rivero, *Tribunales constitucionales europeos y derechos fundamentales*, Madrid, 1986, pág. 633 y sigs. J. Pérez Royo, *Tribunal Constitucional y división de poderes*, ed. cit. P. Cruz Villalón, *La formación del sistema europeo de control de constitucionalidad (1918-1939)*, Madrid, 1987. C. Viver I Pi-Suñer, *Materias competenciales y Tribunal Constitucional*, Barcelona, 1989. Sobre el tema del Tribunal Constitucional como órgano político y órgano jurídico existe una extensa bibliografía; M. Martínez Sospedra, «El Tribunal Constitucional como órgano político», ob., cit., pág. 1781; E. Álvarez Conde, *El régimen político español*, Tecnos, Madrid, 1990.

nidos están en sus sentencias y sin ellos éstas resultarían ininteligibles. La elección es clara e imprescindible. Las sentencias también están hechas de carne, hueso y sangre.

Nuestro Tribunal Constitucional, por ejemplo, tiene doce jueces, cada uno de distinta procedencia, con diversas formas de ver las cosas y, en consecuencia, con distintas pre-comprensiones. Concibiendo a veces las sentencias con los ojos de los sentidos antes de serlo por la razón y el conocimiento. Conviene tener esto presente porque los hechos que se ignoran a sí mismos son infinitamente más malignos que los conocidos y aceptados, que tienen entonces posibilidades de control[22].

Todo hombre, y por tanto también el juez, debe saber que no puede ir más allá de su subjetividad, pero debe saber también controlarla, es decir, en lugar de dirigirse hacia lo metajurídico debe orientarse hacia lo intersubjetivo o, si se prefiere, hacia lo «objetivo».

Todos estos elementos subjetivos y objetivos que intervienen en la actividad judicial no son susceptibles de objetivación, ni pueden, por tanto, reglamentarse. Por eso la bondad de una sentencia no sólo depende de su objetividad, de su congruencia con la gramática del texto, sino también de la persuasibilidad de su argumentación. Y así, cuando una sentencia es consecuente y se fundamenta en argumentos objetivos, y cuando además tiene el peso de la legitimidad que para mí es el irrenunciable sello de las obras bien hechas, es una buena sentencia. Difícilmente podemos exigir más a los magistrados porque no puede darse, y de hecho no se da, una discusión metódica para cada caso.

---

[22] Se podría establecer una clasificación de los mismos: los más sensibles ante las violaciones de derechos y libertades y los menos dispuestos a reintegrar a los ciudadanos en la plenitud de sus derechos, lo que argumentan con solidez jurídica y los que fallan en sus razonamientos, los progresistas y los conservadores, lo que saben redactar y los que exponen las cosas con confusión, M. Jiménez de Parga, ob., cit., págs. 20 y 21.

El juez generalmente decide considerando los efectos, la realidad social, la finalidad de la norma, la interpreta a tenor de las circunstancias, pero limitado por el texto y las reglas que le impone la teoría, buscando siempre el equilibrio entre lo que puede y lo que debe hacer. Todos estos elementos que intervienen en la interpretación no son reconducibles a un código o catálogo, y la acentuación y la relevancia que se dé a cada uno de ellos, dentro de los límites normativos, forma parte del ámbito de libertad que tiene el juez para poder acomodar el derecho y hacer justicia para suplir con las posibles interpretaciones las deficiencias de las normas dotando de unidad, efectividad y coherencia al Código.

Así, para crear científicamente, el juez necesita conocer y comprender la norma[23] y su sentido surge de un sistema no sólo normativo, sino también de categorías teóricas que le dan significado y le prestan coherencia. Y este sistema sólo puede realizarse a partir de la teoría de la interpretación como conjunto de categorías dogmáticas, es decir, prolongaciones de la lógica del derecho hasta los problemas particulares y fundamentales, categorías imprescindibles para interpretar, por ejemplo, los valores constitucionales. Y como técnica, esto es, conjunto de operaciones por las que se adaptan los medios adecuados a los fines buscados y queridos. Esta teoría de la interpretación no es más que teoría de la norma fundamental de todo el ordenamiento. Asigna un valor preeminente a la doctrina legal que resulta de las sentencias del Tribunal Constitucional. Sentencias que tienen un valor normativo a través de la eficacia de sus resoluciones y un valor jurisprudencial que prima sobre el legislador[24].

Los magistrados, mediante la interpretación, con conocimiento profesional de la teoría, de los principios, de las técnicas y reglas asumidas y

[23] H. Hart, *The Concept of Law*, Oxford, 1961. F. Rubio Llorente, ob., cit., pág. 127 y M. Aragón, *Constitución y democracia*, ob., cit., pág. 127.

[24] M. Beltrán, *Originalismo e interpretación*, Madrid, 1989. I. De Otto, *Las fuentes del derecho*, Madrid, 1985.

convenientemente consensuadas por la doctrina y por la jurisprudencia, con adiestramiento previo, con preparación, pero también con madurez, sentido común e imaginación, podrán dar soluciones claras a los problemas normativos oscuros y colmar las lagunas legales declaradas. Porque «no es posible interpretar la norma sin una previa teoría de la interpretación, no es posible interpretar el ordenamiento jurídico-constitucional sin uan previa teoría de la Constitución». En este sentido, «cuando la actividad creadora está sujeta a unos principios jurídicos materiales que le vienen dados, que son objetivos y a un modo de interpretar y razonar que tampoco está en su libre elección, la creación del derecho es jurídica es una actividad jurisdiccional»[25].

Incluso para hablar no basta con conocer la propia lengua, es necesario además que los hablantes hagan referencia a un trasfondo de casos asumidos, de conocimientos y de presupuestos comunes. Es decir, que dispongan de una teoría consensuada que limite y oriente su actividad[26].

En definitiva, el modo de interpretar califica a una determinada actividad como jurídica. ¿Existen entonces diferencias sustanciales entre interpretación constitucional e interpretación legal?

Interpretar la Constitución es fundamentalmente establecer sus límites, enmarcar el ámbito de actuación que la Constitución ampara. A esta labor creadora del juez constitucional la denomina Hesse «concretización»[27]. El juez concretiza, pues aplica la norma al caso concreto, «pero mientras el juez ordinario en la subsunción ha de interpretar una definición del supuesto de hecho ya contenido en la norma, el juez constitucional ha de

[25] M. Aragón, ob., cit., págs. 111 y 123.

[26] E. García de Enterría, *La Constitución como norma y el Tribunal Constitucional*, Madrid, 1983, pág. 72 y sigs.

[27] S.T.C. 11/81 de 8 de abril. C. Hesse, «El texto constitucional como límite de la Constitución», en el volumen editado a cargo de A. López-Pina, *División de poderes e interpretación*, Madrid, 1987, pág. 184.

inventarse, por así decirlo, esa definición, creando doctrina que no puede desconocer el juez ordinario. No la crea «ex nihilo», sino como derivación de una derecho más amplio cuyo sentido sólo él puede precisar[28].

Por eso, la interpretación constitucional posee una importancia decisiva en cualquier sistema democrático, porque es al mismo tiempo interpretación legal o teoría de la interpretación. Claro está que esta interpretación no disuelve las peculiaridades propias de la interpretación en cada sector del ordenamiento[29]. Es decir, el sujeto, el ámbito de la creación, pueden variar, pero la teoría de la interpretación que parte de la Constitución debe ser única y la ley debe interpretarse desde la misma[30].

Parece suficientemente claro que el Tribunal Constitucional es el que interpreta fundamentalmente y de forma vinculante para todos la Constitución, interpretación jurídica, que contribuye así de manera fundamental a la elaboración de la Teoría de nuestra Norma fundamental.

Pero, ¿qué material debe interpretar? ¿Cuál es su fuente de interpretación? ¿De dónde brota nuestro Derecho constitucional? ¿Cuál es su origen? ¿Cuál es el lugar donde podemos conocerlo? Y digo fuente porque contrariamente a una opinión bastante generalizada entiendo que en nuestro caso lo es sólo el texto. Texto bien es cierto que entendido modernamente como conjunto de normas que intentan ordenar determinados hechos para la realización de unos determinados valores, objetivos y finalidades.

---

[28] F. Rubio Llorente, «Problemas de la interpretación constitucional», *Revista jurídica de Castilla La Mancha*, abril-agosto, 1988.

[29] La doctrina del Tribunal es clara en este aspecto y así lo manifiesta en la sentencia 15 de febrero de 1990: «la interpretación de la norma aplicada deberá realizarse del modo que resulte más acorde con los preceptos contenidos en la norma fundamental y no suponga violación alguna de los derechos consagrados en ella (...); por consiguiente, no puede limitarse a una interpretación literal o aislarla de aquellas normas sino que deben acomodarlas a la Constitución.»

[30] SS.T.C. 47/83. F.J. 3 y 28/84, F.J. 1.

Parece claro que, para el Tribunal, lo que trasciende la ocasión y al sujeto es el texto como conjunto de normas aprobadas según el procedimiento constitucional establecido. Lo primero que nos preguntamos y que cabe preguntarse ante un conflicto es qué dice el texto, que para eso está. En una de sus sentencias el Tribunal Constitucional lo argumenta de la forma siguiente:

> «El respeto a la Constitución que el artículo 9 impone a todos los poderes públicos hace necesario que una interpretación que conduzca a un resultado distinto de la literalidad del texto sólo sea pensable cuando exista ambigüedad o cuando la ambigüedad pueda derivarse de la conexión o coherencia sistemática entre preceptos constitucionales.»[31]

Sin entrar en el contenido de la argumentación, que es discutible, la sentencia concuerda con la corriente doctrinal que denominamos «literalismo», porque interpreta la Constitución a partir de sus palabras, pero, y ello es importante, no creo que sea conveniente hacerlo sólo en su sentido gramatical y lógico, sino también justo y eficaz. Lo que mantiene el Tribunal en esta sentencia es que la interpretación constitucional debe ser literal, es decir, ajustada a la norma, al texto.

Hay que tener en cuenta que modernamente el literalismo no se caracteriza por la aplicación del apotegma «in claris non fit interpretatio», ni por la aplicación exclusiva del criterio gramatical, ni por la búsqueda del sentido propio de las palabras en relación con el contexto, porque lo común a

[31] S.T.C. 72/84. En ella se declaró inconstitucional la totalidad de un proyecto de ley por considerar que el artículo 70 de la Constitución exige claramente que las incompatibilidades de diputados y senadores consten en la ley electoral. E. Alonso García, ob., cit., pág. 79 y sigs. La Constitución vincula como norma suprema del ordenamiento jurídico a jueces y tribunales que vienen obligados a interpretar las leyes y reglamentos según los preceptos y principios constitucionales de acuerdo con la interpretación efectuada por el T.C. No olvidemos que la interpretación no se limita a la Constitución, sino que se extiende al llamado «bloque de constitucionalidad».

todas las variantes del literalismo es la afirmación de que el texto normativo es la fuente esencial, única de y para la interpretación jurídica[32]. Aunque la querella dentro de la propia doctrina sigue residiendo en cómo interpretarlo, qué métodos y técnicas deben emplearse para leerlo, para conocer su contenido y elaborar un significado.

No es únicamente literalista la corriente de interpretación que estima que el lenguaje de la Constitución cubre sólo y exclusivamente los presupuestos de hecho que caen bajo sus palabras, porque un literalismo moderado toma en cuenta la cualidad abierta del lenguaje en relación con su contenido dogmático, social y valorativo.

No podemos confundir literalismo y formalismo. El primero se refiere a las fuentes de la interpretación y mantiene que el texto es la única, mientras que el formalismo discute las técnicas, procedimientos y métodos que escogemos para interpretar. *El primero señala qué tenemos que interpretar, el segundo cómo debemos hacerlo.* Si admitimos esto, el literalismo será compatible con las técnicas formalistas, voluntaristas o finalistas y se acentuará el empleo de unas u otras en función del concepto y alcance que se tenga de lo que es y significa la norma, el texto constitucional.

Sin embargo, normalmente se sostiene lo contrario, se mantiene que conocemos el Derecho constitucional a partir de diversas fuentes, que el texto no es el único objeto de interpretación. En ocasiones se afirma que el Derecho natural también puede ser fuente de la interpretación. «Está en la naturaleza de las cosas –dice el Tribunal– que los Consejos Asesores de R.T.V.E. en las distintas comunidades, promueva sus valores propios».

---

[32] Lo que el Tribunal Constitucional entiende por literalismo y finalismo lo encontramos también en la sentencia de 15 de febrero de 1990. En ella de nuevo contrapone el «literalismo» al «finalismo», es decir, parece confundir «literalismo», con «formalismo», fuente de interpretación con criterio. Para diferenciar el texto como parámetro del texto como fuente pueden verlo los trabajos de K. Hesse, ya citados, y también F. Sainz Moreno, *Conceptos jurídicos, interpretación y discrecionalidad administrativa*, Madrid, 1976.

Las consideraciones que opuso el magistrado L. Díez Picazo en su voto particular ya pusieron de relieve no sólo la inconveniencia, sino el riesgo que suponen estos razonamientos, estas referencias a ámbitos extranormativos. «Recurrir a la naturaleza de las cosas –dice–, al carácter razonable y a otros parámetros semejantes permiten una fácil inclinación hacia el iusnaturalismo que debe ser cuidadosamente evitado por una jurisdicción constitucional.»[33]

> «El hombre debe saber que no hay otro legislador que él mismo y que en tal desamparo debe decidirse, y decir que la ley la inventamos nosotros quiere decir que la ley a priori no tiene sentido».

Como fuente de interpretación se apela en ocasiones a la doctrina y, sin embargo, es sabido, como el propio Tribunal mantiene, que la doctrina por sí misma no puede ser nunca fuente suficiente para colmar una laguna, entre otras razones por la diversidad de criterios que la sostienen[34]. También se ha dicho que la constitucionalización del derecho ordinario implica que debemos considerar a éste como fuente de interpretación.

El Tribunal, al iniciar su actividad, ha usado en más de una ocasión los cánones de interpretación contenidos en el artículo 3.1 del Código civil[35]. Y lo hizo por diversas razones: primero, porque el citado artículo incluye en su enunciado general la posibilidad de aplicar prácticamente todas las reglas y técnicas de interpretación conocidas; segundo, porque la comprensión de los aspectos fundamentales de la interpretación constitucional presupone el conocimiento, al menos inicial, de algunos aspectos importantes

[33] S.T.C. 10/82. F.J. 8. E. Alonso García, *Interpretación de la Constitución*, Madrid, 1984.
[34] S.T.C. 114/84, F.J. 3.
[35] S.T.C. 36/81, F.J. 6.

de la interpretación jurídica en general. Por lo tanto, no es de extrañar que se parta para interpretar la nueva norma de la dogmática existente[36].

No obstante, desde las primeras sentencias el Tribunal ha rechazado la posibilidad de interpretar las normas constitucionales a partir de normas inferiores, estableciendo un principio general de separación entre legalidad ordinaria y legalidad constitucional. Este rechazo a la constitucionalización del derecho ordinario ya aparece en la primera sentencia resolutoria de un recurso de inconstitucionalidad[37]. Y claramente en la sentencia de 20 de julio de 1981, diciendo que «cuando se trata de una exégesis constitucional, debemos rechazar el intento de establecer los enunciados constitucionales de las normas de rango inferior». Y cuando limita la amparabilidad[38] también mantiene como regla general que el derecho ordinario no refleja valores o principios fundamentales, fomentando así la necesidad de construir una propia dogmática constitucional que imponga nuevos cánones hermenéuticos[39]. Y para ello se vale de su propia doctrina y de las reacciones que a favor o en contra provoca en juristas y estudiosos.

Por tanto, existe separación entre legalidad constitucional, pero también una interrelación que se manifiesta en el principio unánimemente admitido de interpretar la ley y valorar todo el ordenamiento desde los principios constitucionales[40]. Y por supuesto no existe separación cuando la propia Constitución remite explícitamente al ordenamietno como lo hacen los artículos 23.2 y 24.

---

[36] S.T.C. 13 de febrero de 1981, F.J. 10 y 19. Y por citar una reciente, S.T.C. 14/89. En ella se utiliza la doctrina comparada.

[37] S.T.C. 2 de febrero de 1981, F.J. 3.

[38] S.T.C. 30 de mayo de 1981, y 46/83, F.J. 6.

[39] S.T.C. 15 de febrero de 1990. Para un tratamiento no dogmático de la dogmática, ver, N. Luchmann, *Sistema jurídico y dogmática jurídica*, Madrid, 1983.

[40] Sobre este tema existe una extensa doctrina. Cito los que me han sido de mayor utilidad. E. García de Enterría, ob., cit., K. Hesse, *Escritos de Derecho constitucional*, con introducción y traducción de P. Cruz Villalón, E. Alonso García, ob., cit., pág. 500 y sigs.

Salvo error del que me excuso, sin que el Tribunal Constitucional lo reconozca explícitamente y aunque en ocasiones emplee el concepto de fuente como sinónimo de criterio o técnica, no he encontrado sentencia en la que el objeto de interpretación esté fuera del propio texto. Las lagunas que se reconocen se colman sin salirse del propio ordenamiento, bien sea a través de la analogía, de los principios generales mediante la interpretación extensiva o cualquier otra técnica[41]. Esta sujeción del Tribunal a los principios generales que caracterizan al literalismo se manifiesta de una forma más clara, si cabe, en el tratamiento que da a los criterios de interpretación característicos del «originalismo».

Es sabido que la doctrina basada en el originalismo sostiene lo contrario, sostiene que la fuente de interpretación, el objeto que hay que interpretar no es el texto, sino la voluntad del legislador, del constituyente. Lo que hay que descubrir, dicen, es la intención que dio origen a la norma y el texto, la historia, los debates parlamentarios son las fuentes de las que emana esta voluntad. Para el originalismo todo ejercicio de la jurisdicción constitucional que se aparte de esta intención constituye una usurpación de poder, porque la voluntad popular se corresponde con la voluntad de los representantes elegidos y el texto, la historia, los debates son los instrumentos que nos permiten conocerla.

Claro está que no es el lugar para discutir lo que para nosotros es evidente, pero sí interesa poner de manifiesto que el originalismo viene definido no por las técnicas que emplea, sino por el objeto que interpreta, que para éstos no es el texto, sino la voluntad de los que hicieron[42]. Las técnicas, los criterios, los argumentos pueden usarse por unos o por otros, sean originalistas, literalistas o finalistas. La diferencia entre ellos está en la fuente,

[41] S.T.C. 79/83, F.J. 3, y 110/84, F.J. 10.

[42] Posiblemente uno de los más conocidos defensores es Berger: *Government by Judiciary the Transformation of the Fourteenth amendment*, Harvard Univ. Press, 1977.

en el objeto que interpretan. Para unos, la voluntad. Para otros, el texto o la finalidad.

Nuestro Tribunal, por ejemplo, utiliza criterios de interpretación como la historia o los debates parlamentarios, y ello no puede conducirnos a la afirmación de que siga los presupuestos originalistas o lo que considero más preocupante, que la historia o los debates sean fuente para la interpretación, cuando no son más que instrumentos, técnicas, conocimientos aplicables a los más diversos objetivos y finalidades. Porque de admitirlo también tendríamos que calificar como fuente de interpretación al criterio gramatical, lógico o la teoría de los valores y, evidentemente, ello no puede ser así.

Los magistrados del Tribunal usan de estas técnicas, de los argumentos que les aportan estos criterios como apoyo en sus resoluciones:

> «Podemos señalar –dice– que si bien el principio "non bis in idem" no se encuentra recogido expresamente en los artículos 14 a 30 de la Constitución (...), no por ello cabe silenciar que como entendieron los parlamentarios en la Comisión de Asuntos Constitucionales y Libertades Públicas (...), va unido a los principios de legalidad y tipicidad de las infracciones recogidas principalmente en el artículo 25 de la Constitución.»[43]

La apelación a los debates en esta sentencia no se realiza como parámetro vinculante, tan sólo aporta algún dato que permite al Tribunal reforzar la justificación y fundamentación de determinado razonamiento jurídico de determinada interpretación. No tiene más valor jurídico que el de apoyar la interpretación literal de la norma. Y cuando digo literal no quiero decir exclusivamente gramatical y lógico.

---

[43] S.T.C. 30 de enero de 1981.

En otra de sus sentencias afirma el Tribunal que:

> «Cabrían diversas interpretaciones (del término modificación del artículo 134.7 de la Constitución) que van desde la muy estricta que quiera asimilarlo a cualquier variación en no importa cuál de los elementos integrantes del tributo hasta una interpretación estricta que concluyese en que la Constitución se refiere tan sólo a aquellas modificaciones que supongan un cambio total de la naturaleza del impuesto».

En este caso los debates le ofrecieron datos que contribuyeron a clarificar el alcance de un determinado concepto y a sentenciar que «la norma de compromiso» en tanto prohíbe indiscriminadamente la creación de tributos en la ley de presupuestos, permite su modificación.

También los debates «antecedentes y trabajos preparatorios del texto» ofrecieron conocimientos que el Tribunal utilizó libremente para razonar que según el texto constitucional «la llamada televisión privada (...) no está necesariamente impuesta por el artículo 20 de la Constitución»[44]. De la misma forma que el pleno del Tribunal usó los debates para esclarecer el alcance de los artículos 28 y 27 de la Constitución:

> «De la amplia discusión de ambos preceptos, en el momento de elaborarse el texto constitucional se extrae –afirma el Tribunal– la indudable consecuencia de que el constituyente quiso separar el derecho de huelga del resto de posibles medidas de conflicto colectivo».[45]

Y ha aclarado expresamente que «las consecuencias a las que hemos llegado en los apartados anteriores, a través de una interpretación objetiva

[44] S.T.C. de 20 de julio de 1981, F.J. 2 y S.T.C. 12/82, F.J. 6.
[45] S.T.C. 8 de abril de 1981, F.J. 22.

de la Constitución resultan *corroboradas* al utilizar los criterios de interpretación derivados del examen de los antecedentes y de los trabajos preparatorios del texto constitucional»[46].

En definitiva, los debates, para el Tribunal, representan una ayuda, un instrumento. «Son un importante elemento de interpretación, aunque no la determinan»[47]. Y es más, este alcance instrumental que pueden tener los datos que nos aportan los debates se usan libremente, sin reglas claras ni preestablecidas, y así el Tribunal rechaza la utilidad de éstos cuando puedan contradecir el texto o no aporten claridad[48].

La historia es otra de las fuentes de interpretación para el originalismo, pero desde que Savigny publicó su *Sistema de Derecho romano actual*[49] se ha generalizado su uso por todas las corrientes doctrinales. Unas las utilizan como fuente de interpretación que permite indagar en la voluntad del autor. Otras lo usan como instrumento para clarificar lagunas, salvar dudas y en la mayor parte de ocasiones de forma erudita sin mayores consecuencias[50], como en ocasiones lo hace nuestro Tribunal:

> «No cabe duda que en un sistema que siguiera de manera estricta y sin fisuras la decisión de los poderes del Estado la potestad sancionadora debería constituir un monopolio judicial y no podría estar nunca en manos de la admi-

[46] S.T.C. 12/82 de 31 de marzo. Ver Alonso García, ob., cit., pág. 151. El subrayado es mío.

[47] S.T.C. 13 de febrero de 1981, F.J. 9.

[48] «Pese a acudir a los debates para la determinación del concepto de modificación de tributos, lo rechazó expresamente como válidos para la interpretación del concepto de ley tributaria sustantiva del mismo artículo 134/7», E. Alonso García, ob., cit., pág. 151,

[49] Savigny, *Sistema de Derecho romano actual*, Madrid, 1978.

[50] He utilizado en este apartado la bibliografía siguiente: A. Hernández Gil, *Metodología de la ciencia del derecho*, Madrid, 1971. F. Geny, *Método de interpretación y fuentes del derecho privado positivo*, Madrid, 1925. Castán Tobeñas, *Teoría de la aplicación e investigación del Derecho. Metodología y técnica operatoria en Derecho privado operativo*, Madrid, 1949. N. Bobbio, *Il positivismo giuridico (Lezzioni di Filosofia del diritto)*, Turín, 1979.

nistración, pero un sistema semejante no ha funcionado nunca históricamente y es lícito duda que fuera incluso viable»[51].

O también cuando dice:

«Conquistas *históricas* como la racionalización del ingreso en la función pública, o la inmobilidad del funcionario en su empleo (...) son factores que de forma convergente contribuyen a esbozar una situación del funcionario mucho más próxima a la del simple ciudadano»[52].

En otras ocasiones usa la historia para contrasta hechos[53], o alude a ella, de forma muy variada, para apoyar con sus datos algunos extremos de sus argumentaciones[54], o justificar un cambio de sentido en la interpretación de algún término.

«El hecho de que el artículo 44 del estatuto de Autonomía de 1979, encuadrado en el marco de la Constitución de 1978, contraste con el Estatuto de 1932 que fue derivado de la Constitución de 1931, parece indicio suficiente de la voluntad del legislador de delimitar la intervención de la Comunidad Autónoma de Cataluña en relación con los notarios.»[55]

---

[51] S.T.C. 77/83, F. J. 2. El subrayado es mío.

[52] S.T.C. 81/83, F. J. 3. El subrayado es mío.

[53] S.T.C. 35/84, F.J. 2. A esta sentencia realizó un voto particular el magistrado J. Arozamena, poniendo en cuestión los datos históricos empleados. J. L. Cascajo Castro, «La figura del voto particular en la jurisprudencia constitucional española», *R.E.D.C.*, núm. 17, Madrid, 1986. También se hace referencia a los mecanismos de acatamiento de la Constitución de 1876 y a la fórmula de juramento o promesa empleada por Emilio Castelar y Pablo Iglesias en la sentencia favorable a conceder el amparo a los cuatro diputados electos de Herri Batasuna.

[54] S.T.C. 1/82, F. HJ. 1; 72/84, F.J. 3; 110/84, F.J. 4; 91/84, F. J. 2, 3 y 5.

[55] S.T.C. 67/83, F.J. 3. Con el voto particular del magistrado. F. Rubio Llorente a la interpretación en la jurisprudencia constitucional española, Oñate, 1987.

De una primera lectura podría desprenderse que el objeto interpretado en esta sentencia es la voluntad del legislador, y no es así, en la medida que la voluntad vuelve a ser un dato que permite aclarar o justificar en mayor medida la decisión del Tribunal. El dato histórico es un indicio que permite a veces solventar ambigüedades, pero que puede ir más allá. Sólo complementan la interpretación normativa del texto y se recurre a la historia de la misma forma que se puede recurrir a cualquier instrumento que aporte conocimiento sobre la materia interpretada. Toda esta clase de conocimientos y datos son instrumentos que el juez utiliza para realizar su trabajo, que es interpretar las normas, los textos legales.

Este carácter relativo y complementario de los datos históricos se reafirma al negar en ocasiones el mismo Tribunal su utilidad. Por ejemplo, en un recurso de amparo en el que se debatía el derecho del recurrente a usar un título nobiliario, tras realizar exposición de su significado histórico y de lo que hoy implica ser titular de uno de estos títulos, dijo:

> «El casar o no con persona noble no puede afectar en modo alguno a la dignidad de las personas, no tiene sentido en nuestro tiempo y bajo la Constitución de 1978 afirmar como se hacen en la Constitución de 1873 que quien no casa con persona notoriamente noble es o está mal casada».[56]

[56] S.T.C. 27/82, F.J. 3. En un sentido parecido, Ss.T.C. 51/82 y 3/82, F.J. 6. En concreto, el voto particular del magistrado J. Arozamena. En ocasiones la tradición y los antecedentes invocados se remontan a varios siglos (S.T.C. 110/84, F.J. 3 y 58/82, F.J. 3.). También recurre a ella para precisar el alcance dogmático de algún concepto. En la sentencia 8/82 F.J. 4 dice que esta retroactividad es en grado mínimo y responde a una constante de nuestra legislación arrendaticia. A veces justifica mediante ella un determinado proceso de cambio, Ss.T.C. 42/82, F.J. 2; 3/83, F.J. 1; 52/83, F.J. 3. Recurre también a la historia de nuestro constitucionalismo para precisar precedentes, Ss.T.C. 1/82, F.J. 6; 18/81, F.J. 5. O a la misma historia europea para demostrar el proceso de perfeccionamiento de una determinada institución o derecho. En la sentencia 9/82, F.J. 1, dice: «La lucha por un proceso penal público acusatorio, contradictorio y con todas las garantías se inició en la Europa continental hacia la segunda mitad del siglo XVIII, frente al viejo proceso inquisitorio y con logros parciales, pero acumulativos que se prolonga hasta nuestros días, como pone de manifiesto

Estos instrumentos no pueden tener el valor jurídico vinculante de las fuentes de interpretación, sólo contribuyen a dar soluciones claras y justificadas a los problemas que plantea la aplicación de unas normas generales y con grandes dosis de abstracción, contribuciones que el Tribunal utiliza a su conveniencia con el único límite: que no contradiga o sobrepase el objeto, la fuente, el texto y razone jurídicamente su conveniente uso. Y así lo ha reconocido el Tribunal cuando sostiene que una «tradición tan extensa sugiere, sin duda, la presencia inicial de importantes razones jurídicas»[57].

Por sí mismo, lo único que podría considerarse como fuente de interpretación diferente a la Constitución es el Derecho internacional sobre derechos humanos. El artículo 10.2 de la Constitución equivale, según Truyol y Serra, a afirmar que la tutela constitucional de estos derechos se inscribe en el marco de un «higher law» informado por valores humanos comunes más allá de la esfera estatal.

> «La Constitución –dice el Tribunal– se inserta en un contexto internacional en materia de derechos fundamentales y libertades públicas, por lo que hay que interpretar sus normas en esta materia de conformidad con la declaración universal de derechos humanos, tratados y acuerdos internacionales sobre la materia ratificados por España»[58].

---

el artículo 24 de nuestra Constitución». O en la sentencia 4/83, F.J. 3, declarando que el artículo 8 de la Constitución española asumía todo un proceso histórico mediante el que se explica el camino de perfeccionamiento mediante la conquista, defensa y realización de los derechos. En ocasiones niega la validez de estos datos: «En el caso que nos ocupa, la legislación preconstitucional constituida principalmente por la ley de bases de sanidad de 25 de noviembre de 1944 no proporciona fácilmente criterios básicos en la materia susceptibles de validez en un Estado como el nacido con la Constitución tan radicalmente otro del existente cuando aquélla se produce», S.T.C. 42/82, F.J. 3. Y en un sentido parecido, S.T.C., 67/82, F.J. 5. F.J. Ezquiaga Ganuzas, ob., cit., E. Alonso García, ob., cit., pág. 90 y sigs.

[57] S.T.C. 1/82, F.J. 6. E. Alonso García, ob., cit., pág. 95 y sigs.

[58] S.T.C. 15 de octubre de 1982.

Mediante el artículo 10.2 se le ofrecen al intérprete parámetros adicionales para precisar conceptos a tenor del consenso general sobre los valores. La trascendencia de esta remisión es grande, entre otras razones porque estos derechos son, a su vez, las directrices «de conformidad con las cuales deben ser interpretadas todas las normas que componen nuestro ordenamiento»[59]. Anteriormente el Tribunal advirtió que la interpretación de la Constitución ha de hacerse considerando los textos internacionales ratificados por España, entre ellos los Convenios de la Organización Internacional del Trabajo. El Tribunal recuerda que estos Convenios ratificados por España forman parte de nuestro ordenamiento[60].

No obstante, por muy trascendental que sea la remisión del artículo 10.2, no creo que suponga el reconocimiento de una nueva y diferente fuente de interpretación, tan sólo es la incorporación al ordenamiento de importantes normas internacionales. Pero la fuente sigue siendo la misma, sigue siendo la propia Constitución la que establece explícitamente qué normas internacionales podrán formar parte de nuestro ordenamiento y establece parámetros no disponibles para que el juez interprete unos valores comunes a un modelo de convivencia[61].

Las normas internacionales que regulen derechos fundamentales vinculan entonces por expreso mandato constitucional. El mencionado artículo cumple así una función interpretativa-integrativa otorgando una eficacia casi constitucional a los tratados que manifiestan el consenso acerca de la interpretación de estos derechos y valores para la comunidad internacional[62].

[59] S.T.C. 26 de julio de 1982.

[60] M. Jiménez de Parga, «Seis años de Tribunal Constitucional», ob., cit., pág. 23, comentario a la sentencia 38/81.

[61] S.T.C. 26 de julio de 1982.

[62] «No cabe desconocer –dice el Tribunal– que los derechos fundamentales responden a un sistema de valores y principios de alcance universal que subyacen a la Declaración universal y a los diversos comentarios internacionales sobre Derechos humanos ratificados por España y que, asumidos como decisión constitucional básica, han de informar todo

Esta aclaración puede resultar útil. Es conveniente distinguir la fuente, el objeto que interpretamos (el texto en nuestro caso), de los criterios, técnicas o argumentos. El objeto, la fuente (es decir, el concepto y contenido de lo que debe interpretar) se le imponen al intérprete, no puede elegir, definen, limitan y vinculan su actividad. En cambio, los criterios, argumentos y técnicas son instrumentos y varían según el caso, el sujeto que los utilice o del contenido constitucional que se interprete. Pueden usarse por unos o por otros independientemente de que sean originalistas, literalistas o finalistas, o partan de la «tópica» hermenéutica o del «uso alternativo» porque la diferencia entre estos métodos o escuelas reside en la fuente, el objeto que interpretan, que para unos es la voluntad del legislador y para otros el texto o la finalidad.

Los debates parlamentarios, la historia, las doctrinas o técnicas como el test de racionalidad y razonabilidad, el principio de proporcionalidad, el interés más fundamental, etcétera, son los instrumentos de que dispone todo intérprete para realizar su labor, que consiste en dotar de significado y alcance a la norma y no sirven para diferenciar a una escuela de otra. Lo que diferencia a los métodos y escuelas es el concepto y contenido de lo que es una norma de lo que es la Constitución.

---

nuestro ordenamiento jurídico.» Por tanto, este derecho internacional no supone una fuente de interpretación diferente al texto constitucional. Aunque no es el lugar para plantear los problemas específicos que plantea el artículo 10.2 de la Constitución. Problemas como el de la constitucionalidad o no de las reservas a los tratados y convenios que menciona o a la eficacia del os mismos. Todos éstos han sido tratados ampliamente, entre otros, por E. García de Enterría, E. Linde, L. I. Ortega, J. M. Sánchez Morón, *El sistema europeo de protección de los Derechos humanos*, Madrid, 1983. E. Alonso García, ob., cit., D. Liñán Noguera, «Efectos de las sentencias del Tribunal europeo de Derechos humanos y derecho español», *Revista Española de Derecho Internacional*, Madrid, 1985. P. Lucas Verdú, «Los títulos preliminar y primero de la Constitución y la interpretación de los derechos y libertades fundamentales», en «Los derechos humanos y la Constitución de 1978», número monográfico 2 de la *R.F.D.U.C.* 1979.

Incluso en actividades científicas más objetivables que la aplicación del derecho se dan elementos subjetivos y objetivos, teorías, pero también inclinaciones e intuiciones. Se necesita adiestramiento, pero también elección y, por tanto, responsabilidad ante los resultados.

Partiendo entonces de la libertad que tiene el juez para emplear la técnica, el criterio o los argumentos que considera oportunos, no podemos especificar o reglamentar el valor jurídico que debe tener cada uno de éstos, ni podemos sistematizar o sintetizar cómo debe aplicarlos, reglamentando todos los pasos que debe recorrer en sus actuaciones y clasificando las diversas formas de aplicar los conocimientos.

No creo que sea conveniente resucitar el viejo afán de sujetar al Tribunal en toda su actividad, intentando eliminar la más mínima discrecionalidad en sus actuaciones. Tan sólo debemos contribuir a descubrir lo que considero esencial, que pueda realizar su labor con sosiego e independencia. Es decir, cómo pueden interpretarse las normas constitucionales totalmente, no sólo en su dimensión formal o gramatical, sino también en su dimensión más justa y eficaz. Contribuir a la teoría de nuestra Constitución para así precisar sus límites.

JUSTICIA Y JURISDICCIÓN[1]

NOS FALTA MEMORIA HISTÓRICA. Vamos apasionadamente de un extremo a otro dando tumbos, discutiendo las mismas cuestiones y al mismo nivel. Vamos del dogmatismo a la relajación, de la religión al esoterismo, de la politización de la Justicia a la judicialización de la política y al revés. Por eso puede resultar útil recordar las cuestiones que ya a mediados de este siglo se planteó Otto Bachof[2].

¿Cuál es la tarea esencial del poder judicial? Pues interpretar y aplicar ley de la forma más favorable para la realización de los derechos comunes a todos. Derechos fundamentales que no han caído del cielo, que nacen al inicio de la Edad Moderna y que se convierten en uno de los indicadores principales del progreso histórico y núcleo de legitimidad de los sistemas democráticos. Derechos y exigencias que desde su formación inicial como instrumento para limitar el poder absoluto siguen un proceso que permanece abierto de perfeccionamiento de su contenido normativo y necesariamente también

[1] Este artículo está en parte basado en el texto «Sin justicia» que publiqué en la *Revista jurídica Universidad Autónoma de Madrid*, nº 38, 2013.

[2] Otto Bachof, *Jueces y Constitución*, traducido por Rodrigo Bercovitz, Taurus, Madrid, 1959, 1963.

de las instituciones y técnicas que posibilitan su realización efectiva, lo que conocemos con el término de garantías.

El imperio de la Ley, como expresión de la voluntad popular, implica y requiere la existencia de unos órganos que, institucionalmente caracterizados por su independencia, tengan un *poder* que les permita interpretar y aplicar imparcialmente las leyes, controlar la actuación administrativa y ofrecer a los ciudadanos la tutela efectiva en el ejercicio de sus derechos e intereses legítimos.

El conjunto de órganos que desarrollan esa función es el Poder Judicial, del que se ocupa el Título VI de nuestra Constitución configurándolo como uno de los tres poderes del Estado y encomendándole, con exclusividad, el ejercicio de la potestad jurisdiccional en todo tipo de procesos, juzgando y haciendo ejecutar lo juzgado, según las normas de competencia y procedimiento que las leyes establecen.

No obstante, el término «Poder» que emplea nuestra Constitución obliga a recordar que en la forma clásica de la doctrina de la separación de poderes, el Poder Judicial era nulo, dado que el juez se limitaba a pronunciar las palabras de la ley de acuerdo con la doctrina que imperaba en el Estado liberal, doctrina que reducía la función jurisdiccional a una tarea simplemente mecánica y técnica que en nada se parece a la que exige la actualidad. Aunque, incluso hoy, la expresión «Poder Judicial» sigue sonando escandalosa y preocupante, pues en ocasiones se piensa que el juez debe limitarse a la aplicación de la ley mediante procesos mentales estrictamente lógicos, absteniéndose de realizar valoraciones, porque no puede ni representar ni practicar un poder social propio, ideas que hoy resultan ociosas[3].

Como ya se señalaba a principios de este siglo, no podemos seguir intentando recuperar la concepción mecanicista de la justicia porque desde

[3] Otto Bachof, ob., cit.

la superación del dogma de la falta de lagunas del ordenamiento se hizo evidente que la actividad judicial no se ha correspondido nunca con la concepción de Montesquieu de puro mecanismo de subsunción «La bouche qui pronunce les parol de la loi».

El Poder Judicial, el llamado tercer poder, no es *un quelque façon nulle*. El juez siempre ha tenido, incluso bajo el imperio del positivismo jurídico más estricto, una parte importante en la creación del Derecho, dado que en toda interpretación de una norma se da un desarrollo de la misma y cada actuación judicial implica un elemento de decisión auténtica, de creación, por eso la jurisprudencia es fuente de Derecho[4].

En definitiva, el dogma de que el juez está sometido solamente a la gramática legal aparece como algo ficticio. La aplicación de la ley no puede consistir exclusivamente en constatar que se ha producido el hecho y que deben darse las circunstancias que la ley requiere. El juez siempre hace algo más que subsumir el supuesto de hecho en la norma, pues la interpreta y, por lo tanto, con la interpretación crea una norma nueva. Aplicando el derecho el juez siempre crea una norma inferior como resultado de la interpretación de una norma superior.

Y ello es así porque el Derecho es complejo y contradictorio y no está predeterminado en todos sus extremos. Siempre hay un margen de libertad en su aplicación, una posibilidad de opción entre sus diferentes sentidos (margen que depende en gran medida de la concreción que dé el legislador a los textos normativos). Sólo el dogmatismo se alimenta de la idea de que el juez o el legislador no tienen elección. Los jueces deciden, con sujeción a parámetros normativos preexistentes y no disponibles, de-

---

[4] Bien es cierto que su valor depende del sistema jurídico. En unos está en el vértice de la jerarquía normativa y en otros en la base. Más detalladamente vid. «Hermenéutica y Constitución» y «Hechos, valores y normas», *Revistas de las Cortes Generales*, núm. 22, 1991, y núm. 30, 1993. Incluida en este libro.

sarrollan la norma superior, la aplican, realizan una actividad reglada pero esta actividad no elimina el mínimo o el máximo de actuación libre, de opción entre los diversos sentidos de una misma palabra, porque las leyes no son ideológicamente neutrales. No existe una interpretación privilegiada válida para siempre. Si sólo hubiera una única interpretación válida, ésta perdería su carácter interpretativo y se confundiría con la realidad misma.

El juez realiza entonces una actividad objetiva, interpreta la ley mediante reglas y técnicas que se le imponen «científicamente», pero optando entre las diferentes posibilidades y justificando y fundamentando su decisión en razones jurídicas y esta labor de creación de la judicatura, de opción, de adaptación de concreción de las leyes en el marco constitucional, debe hacerse con pleno sometimiento a la ley, aplicando el texto jurídico, que para eso está, pero también razonando y justificando la decisión como la más acertada y justa.

La función jurisdiccional es entonces una actividad en la que intervienen múltiples factores, objetivos y subjetivos. Interviene la propia formación del intérprete, del juez, con sus humores, sus emociones, sus sentimientos, factores compensados al ser, en ocasiones, una decisión colegiada. La elección es clara, las sentencias también están hechas con el cuerpo y la memoria. No obstante, para prevenir sus abusos y arbitrariedades no se debe intentar restringir artificialmente su ámbito de actuación, sino corregir las actuaciones imperfectas mediante una adecuada preparación y selección de sus titulares y establecer un sistema de controles y garantías que permitan revisar las actuaciones y exigir, en su caso, eficazmente las responsabilidades, porque las sentencias y demás decisiones judiciales también pueden lesionar los derechos fundamentales.

Por otra parte, estos elementos subjetivos que intervienen en la actividad judicial no son susceptibles de objetivación ni pueden reglamentarse totalmente. No son reconducibles a un código o catálogo y la acentuación y la relevancia que se dé a cada uno de ellos, dentro de los límites normativos y del marco de la ley aplicable, forma parte del ámbito de libertad y, por tanto, poder que tiene el juez para poder acomodar el Derecho y hacer justicia para suplir con las posibles interpretaciones las deficiencias de las normas, dotando de unidad, efectividad y coherencia a los códigos y de eficacia a los derechos, que son los mismos para innumerables supuestos diferentes.

Por eso la bondad de una sentencia no sólo depende de su objetividad, de su congruencia con la gramática de la ley, sino también de la persuasibilidad de su argumentación y fundamentación. Y así, cuando una sentencia es consecuente y se fundamenta en argumentos objetivos y se justifica como la mejor y cuando, además, tiene el peso de la legitimidad, que es el irrenunciable sello de las obras bien hechas, es una buena sentencia. Difícilmente podemos exigir más a los magistrados porque no puede darse, y de hecho no se da, una discusión metódica para cada caso. El juez debe decidir considerando los efectos, la realidad social, la finalidad de la norma, en definitiva la interpreta a tenor de las circunstancias. Pero limitado por el texto jurídico, acomodando su interpretación a la doctrina del Tribunal Constitucional y las reglas que le impone la teoría, buscando siempre el equilibrio entre lo que puede y lo que debe hacer.

Pero si la judicatura siempre ha tenido *poder* para aplicar las leyes éste cobra un nuevo sentido, alcance e importancia cuando se afirma, como lo hace la Constitución, la existencia de un conjunto de derechos, principios y valores a los que la ley está sujeta no en base a una creencia o un derecho natural, sino porque la Constitución así lo establece[5].

---

[5] Tal mandato viene desarrollado, en el caso español, en los artículos 53.1 de la Constitución y 7.1 de la Ley Orgánica del Poder Judicial, donde se establece que «los derechos y libertades reconocidos en el Capítulo II del Título I de la Constitución vinculan, en su integridad, a todos los Jueces y Tribunales y están garantizados bajo la tutela efectiva de los mismos», Otto Bachof, ob., cit.

La misión esencial de la jurisdicción consiste desde entonces no sólo en aplicar la ley sino en ser garantía última y efectiva de todos estos derechos, valores y principios constitucionales también mediante el control de legalidad del poder ejecutivo, y la extensión que está adquiriendo esta función provoca un incremento acentuado del poder, de la importancia y presencia social del juez[6].

¿Hemos hecho bien dejando tanto poder en manos de los jueces? Todo cambio en muchas ocasiones no es voluntario, incluso puede ser inevitable y necesario. En este sentido, creo que no había opción porque la democracia y sus derechos son fruto de conquistas parciales, mejoras y rectificaciones. Avanzando, porque si los derechos y garantías no avanzan, desaparecen.

Las modernas Constituciones han introducido acertadamente un control absoluto de la Administración por los tribunales[7] y, por otra parte, lo jurídico ya no se circunscribe sólo a las disposiciones estrictas, dado que los derechos constitucionales ya no son simples normas programáticas no vinculantes, no son derechos fundamentales «vacíos» sino que constituyen, según prescripción expresa, «Derechos directamente aplicables»[8], estando en su mayoría legalmente concretado el fin y la medida de su posible aplicación. Asimismo, la Constitución instala una jurisprudencia de valores, la libertad, la igualdad, la justicia misma que constituyen junto a los Derechos Fundamentales un mandato expreso a todos los poderes públicos y, por tan-

---

[6] Ernest Forsthoff, *El Estado Social*, Centro de Estudios Constitucionales, Madrid, 1986.

[7] «Todas las personas tienen el derecho a obtener la tutela efectiva de los jueces y tribunales...», dice el artículo 24.1, que permite acudir ante el juez frente a todas las infracciones legales del Ejecutivo.

[8] En el caso español, con límites que la propia Constitución establece, «la reserva de ley que efectúa la Norma Fundamental no tiene el significado de diferir la aplicación de los Derechos Fundamentales y libertades públicas hasta el momento en que se dicte una ley posterior a la Constitución, ya que en todo caso sus principios son de aplicación inmediata» (S.T.C. 18/1981, F.J. 4.).

to, al juez de hacer esos valores reales y efectivos y de remover los obstáculos que impidan o dificulten su plenitud (art. 9 de la Constitución Española).

Pues bien, este contenido material de la Constitución, de su sistema de valores y de su pretensión de validez, junto con las competencias que el texto otorga a los tribunales, permite comprender el alcance y la importancia actual de la judicatura.

Mientras la función del control judicial del ejecutivo estuvo vagamente formulada, con dudas sobre su obligatoriedad y sujeta a la discrecionalidad del ejecutivo, el control judicial no podría ser efectivo. Sólo cuando alcanza claridad e independencia puede asumir su función de control efectivo del gobierno al entregarles la responsabilidad última de cuidar, defender y garantizar los derechos pero también los valores constitucionales mediante la aplicación de las leyes.

Por tanto, de nada puede servirle a la Administración, por ejemplo, apelar al margen de discrecionalidad que le concede la ley cuando un juez puede objetarle con argumentos jurídicos que no ha respetado los valores y principios constitucionales que deben fundamental la interpretación y aplicación de toda norma[9].

No hay discrecionalidad al margen de la ley. El control judicial de la discrecionalidad es siempre el control de los elementos reglados mediante los que se confiere la competencia y de los fundamentos y razones que justifiquen su ejercicio y este control puede ser también una cuestión jurídica[10].

Es cierto que el juez debe aplicar la ley y sólo la ley y no la Constitución por encima de la ley, y que la necesidad de interpretar todo el ordenamien-

---

[9] Artículo 106 de la Constitución Española: «Los Tribunales controlan la potestad reglamentaria y la legalidad de la actuación administrativa, así como el sometimiento de ésta a los fines que la justifican», S.T.C. 127/1987, de 16 de julio. Pedro de Vega, «Jurisdicción constitucional y crisis de la Constitución», *Revista de Estudios Políticos*, núm. 7, abril de 1979.

[10] E. García de Enterría, *Democracia, jueces y control de la Administración*, Civitas, Madrid, 1996.

to de conformidad con la Constitución no quiere decir que puedan inaplicar la ley por razones de inconstitucionalidad, ya que esta facultad sólo la tiene el Tribunal Constitucional. Tampoco están «los tribunales para emitir dictámenes, impartir instrucciones o terciar en sus sentencias en discusiones académicas que están al margen de los casos concretos que se plantean»[11]. Los jueces, en nuestro sistema, están sometidos a la Constitución y por lo mismo no pueden ignorar ni disponer la aplicación o no de la Constitución y por lo mismo no pueden ignorar ni disponer la aplicación o no de la ley a la que están sometidos, al texto jurídico de la norma aplicable, ni pueden resolver en contra de la misma. El poder del juez no es soberano, no puede juzgar a las leyes, sólo tiene poder para aplicarlas y concretarlas. Ahora bien, la interpretación la deben hacer en su sentido actual, es decir, ley como conjunto de hechos, valores y normas.

La interpretación de la ley no puede reducirse ya al estudio dogmático de su gramática. Además, como es sabido y se recuerda siempre, las normas son realidades humanas, productos sociales que existen para ser aplicados en una sociedad, con consecuencias también de carácter real y para su correcta elaboración, aplicación y explicación es necesario conocer y tener en cuenta la sociedad a la que van a ser aplicadas y las consecuencias que se producen con su aplicación[12].

Imaginemos, por ejemplo, a un juez o tribunal que debe redactar una sentencia que resuelva un conflicto entre un particular y un ayuntamiento, conflicto por cuestiones urbanísticas o de medio ambiente, planteado diez

[11] Art. 7.1 y 2 de la Ley Orgánica del Poder Judicial. Manuel Aragón Reyes, «La ilegalidad de la ley y la soberanía del Juez», *La Ley*, 16 de junio de 1997.

[12] «La consideración trilateral –ética, política y Derecho– impide o al menos dificulta los reduccionismos y permite una construcción racional de la situación del hombre en la vida social, teniendo en cuenta todos los elementos morales, políticos y jurídicos enraizados en un antropocentrismo laico que es el paradigma de la modernidad», Gregorio Peces-Barba, *Ética Pública*, Discurso de recepción en la Real Academia de Ciencias Morales y Políticas, 19 de abril de 1993, pág. 14.

años antes. Resulta evidente que no es suficiente la gramática del texto para resolverlo de forma efectiva y justa. Y que el juez deberá informarse cuál es realmente la situación en el momento que escriba su decisión, porque seguramente el conflicto ha variado. Para hacer justicia tendrá que tener en cuenta el texto normativo aplicable pero también los hechos y efectos de su decisión en el momento que ésta se produzca.

El juez, como hemos dicho, está sometido al texto de ley aplicable, pero texto que debe interpretar a todos sus niveles. Uno formal, gramatical y relativo a su validez, porque la norma es válida si está en vigor, de conformidad con el sistema normativo del que forma parte. Otro concerniente a su eficacia, es decir, si se realizan con su aplicación los fines constitucionales y reales que se persigue, estudiando sus consecuencias, efectos y su grado de aceptación y cumplimiento real en sociedad, y finalmente un tercer nivel que plantea el problema de su legitimidad y más radical justificación o adecuación a los valores y principios constitucionales.

Es necesaria la no confusión de planos, pero esta independencia no supone ni ruptura, ni incomunicación. Son relativos, pero complementarios, y cada uno nos suministra explicación de ciertos aspectos de la norma, importantes para conocerla, aplicarla, concretarla y adaptarla correctamente.

No debemos repetir los errores del pasado aplicando las leyes desde una concepción reduccionista que prescindía por completo del problema de la justicia y de la eficacia, reduciendo el campo del Derecho a la gramática jurídica, ni recuperar un superado normativismo que, como el platonismo, consideraba la norma como una idea perfecta, absoluta y al margen de cualquier condicionamiento social (Kelsen) o ideológico (Hobbes), o seguir aquellas concepciones, válidas en otros sistemas jurídicos, que reducen validez a eficacia, afirmando que el Derecho auténtico no es el enunciado en la Constitución y el ordenamiento jurídico sino aquel que efectivamente se aplica, manteniendo que el juez tiene una posición superior al poder legislativo, que el juez no está sometido al texto normativo. O aquellas teorías que identifican validez a justicia, es decir la supremacía de la ética sobre la ley. Una norma es válida, dicen, solamente si es justa, el derecho injusto no es Derecho, tesis mantenida por los cada vez más escasos partidarios del iusnaturalismo extremo.

Hoy en día parece admitido que cualquier posición reduccionista dificulta la comprensión y la interpretación constitucionalmente correcta de las normas, que sirva para afrontar los nuevos tiempos y cambios. La interpretación de cada precepto como hecho social y como valor es el estudio de los aspectos o fenómenos que con razón se dolía G. Jellinek de no encontrar un adjetivo para referirse a ellos, pero resulta evidente que una norma válida resultará tanto más eficaz cuanto más conforme sea su aplicación con la idea constitucional de justicia compartida por los asociados. No hay que olvidar que la ética nos informa de lo que es plausible para que la humana convivencia pueda conservarse y perdurar.

En efecto, la aplicación de la ley no es ni puede consistir solamente en la interpretación de su validez afirmando la supremacía absoluta del texto jurídico y en donde lo jurídico, por ser jurídico, es siempre justo porque la Constitución y, por tanto, la ley aparecen como intentos de realización de una cierta idea de justicia, de un cierto sistema de valores que evolucionan, que cambian, que se concretan y que son los incorporados explícitamente en la Constitución, pero también aceptados y vividos como tales por una colectividad determinada.

Tampoco se puede entender y menos aplicar una norma si su sistema normativo se aísla y separa de la realidad social y política en la que nace y en la cual se aplica. Por lo tanto, todo juez sin aplicar directamente la Constitución debe interpretar la norma atendiendo a sus valores y efectos, interpretándolos, eso sí, en base a una teoría jurídica y no a una filosofía moral, con argumentos y fundamentos jurídicos. No es suficiente con argumentar que la actuación judicial es permitida, posible en el marco legal, es necesario también convencernos de que es además la más justa y efectiva para la realización de los derechos, valores y principios constitucionales[13].

¿No estaremos entonces cargando al juez con una función política al dotar a la judicatura de tan amplios poderes de apreciación? ¿No estamos contraviniendo el principio fundamental de la división de poderes? Tales son, en términos sencillos, las principales objeciones formuladas contra la revaluada misión de control del Poder Judicial. Objeciones que no son nuevas, pero que conviene de nuevo abordar.

La objeción de menos peso es la relativa al principio fundamental de división de poderes. No existe ni sería bueno que existiera ningún esquema patentado de división de poderes que pueda funcionar en todas las épocas y bajo los más diversos supuestos sociales. El principio de división de poderes, como todos los demás, si no avanza, desaparece. Lo que hay que exigir al principio de división de poderes es que funcione y cumpla con los objetivos para los que ha sido ideado. Impedir la concentración de poder y con ello su abuso. Para ello su concreción dependerá, como todo, de las condiciones sociales y políticas de cada época y cada pueblo.

Además, es desacertado inferir que el control jurídico del poder ejecutivo convierta el Poder Judicial en un poder soberano y superior a los demás. No se puede calificar de «soberano» a quien carece de toda iniciativa propia para la configuración política, a quien sólo puede actuar a petición de otro órgano o persona y, en definitiva, a quien está sometido a la ley y no es competente para juzgarla. Ni puede pasarse por alto que esta función de control de los tribunales realmente no implica disminución del poder de

[13] Las leyes deben ser interpretadas de la forma más favorable para la efectividad de los Derechos Fundamentales y de conformidad con la Constitución (S.T.C. 34/1983, de 6 de mayo y S.T.C. 67/1984, de 7 de julio) Véase J. J. Solozábal, «Notas sobre interpretación y jurisprudencia constitucional», *Revista de Estudios Políticos*, núm. 69, 1990.

los otros, sino más bien un fortalecimiento de la autoridad y legitimidad de sus decisiones al aumentar la confianza mediante la intervención de las instancias de control[14].

El aumento del ámbito de control no quiere decir que la judicatura esté más legitimada que los otros poderes del Estado o que tenga un plus de legitimidad sobre éstos. La democracia es esto, un régimen que garantiza los derechos a los ciudadanos mediante un sistema de garantías, de controles y de controles sobre los controles. La democracia es un sistema que está basado en la sospecha y el escepticismo sobre la naturaleza humana, por eso es fundamental en democracia generar mecanismos y contramecanismos de control que eviten el abuso de poder.

Tampoco tiene gran validez ni mayor fuerza la afirmación de que el poder judicial no es democrático o que este aumento de su ámbito de competencias quiebra su legitimación democrática, porque la legitimación democrática opera de manera distinta respecto de los poderes políticos, las Cortes Generales, el Gobierno o el poder jurídico.

La legitimación del poder legislativo y ejecutivo, como nos han recordado recientemente, viene por la elección periódica de los ciudadanos o sus representantes, en el caso del poder judicial a través de la «sumisión del juez a la ley»[15], ley que es expresión de la voluntad general. Por eso se puede afirmar que la «justicia emana del pueblo» y esta sumisión del juez a la ley es lo que debe razonar el juez en sus sentencias. El juez debe demostrar que su actuación es legítima razonando y convenciéndonos de que es la

[14] Si comparamos en España los actos y decisiones de los poderes anulados por el Tribunal Constitucional, incluso por otros tribunales, constataremos que el número de casos y decisiones confirmados es muy superior, actos cuya validez queda así, y en virtud de esta ratificación, con menos dudas. Otto Bachof, ob., cit., Manuel Aragón Reyes, *El juez ordinario entre legalidad y constitucionalidad*, Centro de Estudios Constitucionales, Bogotá, 1997.

[15] Artículo 117.1 de la Constitución Española. Ver Javier Pérez Royo, *Curso de Derecho Constitucional*, Marcial Pons, Madrid, 1994.

más ajustada a la ley y a los valores y principios constitucionales pero no puede actuar por encima de la misma amparándose directamente en la Constitución[16], dado que está sujeto a la interpretación jurídica que de ésta realiza el Tribunal Constitucional y de la política que realiza legítimamente el parlamento. El juez no puede legitimar sus actuaciones de manera directa a partir de la Constitución dado que está sometido a ella pero tal como es concretada por las Cortes Generales, porque la Constitución es un marco que permite desarrollos políticos diferentes. La Constitución no nos dice cómo es el Estado, sino cómo no puede ser; es un cauce y un límite. La función de la judicatura consiste así en realizar los derechos, valores y principios constitucionales mediante la interpretación y aplicación de la voluntad parlamentaria expresada en leyes.

En esto no creo que existan dudas. La función del poder judicial es controlar la acción del gobierno pero no sustituirlo. Es al poder legislativo al que corresponde desarrollar los preceptos constitucionales, concretarlos, en definitiva legislar en el marco autorizado por la Constitución. Es el competente para optar entre las posibilidades que el ofrece este texto que por definición es amplio y abierto, y al poder judicial le corresponde interpretar y aplicar esta voluntad general expresada en leyes. Ahora bien, interpretarlas no mecánicamente sino como conjunto de hechos, normas y valores, como algo cambiante y susceptible de ser aplicadas a supuestos muy diferentes.

La siguiente objeción es la tan temida politización de la justicia o judicialización de la política (sin menospreciar el peligro dado que siempre es posible abusar de una atribución o competencia). Convendría señalar a qué nos estamos refiriendo cuando advertimos de este peligro. Se quiere decir

[16] «Los derechos y libertades reconocidos en la Constitución vinculan ...a todos los jueces» y estos los «reconocerán en todo caso de conformidad con su contenido constitucional ... sin que las resoluciones judiciales puedan restringir menoscabar o inaplicar dicho contenido», art. 7.1 y 2 de la Ley Orgánica del Poder Judicial.

que las cuestiones políticas no son analizables jurídicamente porque si éste es el fondo del reproche, éste no tiene ningún peso dado que mediante el análisis jurídico de un acto político no se pretende sustituir por el juez lo que es competencia del gobierno, sino analizar si el acto entra dentro del marco normativo que habilita al gobierno para aprobarlo y si el ejercicio de esta competencia respeta la gramática del texto, pero también su finalidad y justificación. No se analiza si es el mejor, sino si es ajustado a la ley que lo habilita. Por tanto, el carácter político de un acto no puede excluir un conocimiento jurídico del mismo, porque juzgar a la administración (incluso controlando su actuación discrecional) no implica necesariamente de una forma automática gobernar.

Los tribunales forzosamente se enfrentan a problemas que son «políticos» porque la relación entre política y Derecho es muy íntima[17]. Hacia el poder judicial se desplazan los conflictos que los políticos han sido incapaces de encauzar por las vías tradicionales. La diferencia es que debe resolver estos problemas políticos jurídicamente, con métodos y formas judiciales, con referencia a la ley y ponderando los argumentos de las partes, con razones y fundamentos jurídicos, y este control judicial no elimina la necesidad de revitalizar al mismo tiempo los propios controles políticos y parlamentarios que tienen, como se ha dicho, una diferente naturaleza. Las decisiones políticas de alcance general, mediante las que el gobierno ejerce su función de dirección política, son controladas políticamente por el propio parlamento que valora su conveniencia y oportunidad, pero ello no excluye que puedan ser recurridas ante los tribunales cuando se considere que la decisión no ha respetado el marco legal que la habilita, el marco formal y también el racional.

[17] El proceso tiene dos objetivos exclusivos: controlar si la decisión política se ha ajustado a la ley y garantizar una tutela judicial efectiva a derechos e intereses legítimos de los ciudadanos. Otto Bachof, ob., cit.; García de Enterría, ob., cit., pág. 10 (arts. 106.1, 103, 1 y 24 de la CE).

Ahora bien, tampoco podemos desconocer los riesgos a los que el juez está sometido ejerciendo estas revaluadas funciones de control. Pero un buen juez debe conocer estos peligros como conoce los suyos el buen médico, el buen arquitecto o el buen funcionario y debe conocer, por tanto, las formas de controlarlos. Toda su formación profesional, la necesidad de controlar sus opiniones y el saber que pueden ser revisadas por tribunales superiores, deben garantizar, en general, un nivel de objetividad que, sin ser absoluto, puede ser suficiente. Así, los numerosos conceptos políticos y de valor o indeterminados de nuestro ordenamiento no impiden que el buen juez lleve a cabo, generalmente con éxito, la importante labor de llenarlos, dotarlos de contenido, adaptarlos mediante una jurisprudencia que los acopla al acuerdo superando el tecnicismo del Derecho. Y todo ello sin juridificar la vida política, sin intentar sustituir o cuestionar las decisiones jurídicamente correctas, in entrar a valorar jurídicamente la conveniencia y oportunidad de las mismas, en definitiva, sin sustituir o cuestionar las atribuciones constitucionales del os otros poderes del Estado.

Cada juez posee así la independencia y la capacidad para regular y orientar sus actuaciones, y a esta capacidad le llamamos libertad, es decir, autonomía, con sus efectos y consecuencias, pero libertad (poder), cuyo peso es la responsabilidad, responsabilidad del juez ante él y ante todos, responsabilidad que es la capacidad democrática por excelencia, responsabilidad de carácter civil, penal y disciplinaria. La discusión no debe centrarse entonces en cómo restringir y limitar las competencias de control que la Constitución otorga al poder judicial, sino en garantizar la exigencia de responsabilidad para el que no use correctamente esas competencias.

Pero aún más decisivo que todas estas consideraciones para justificar la necesidad de este control judicial de las actuaciones del poder ejecutivo, es el hecho de que hasta ahora la experiencia de estos últimos cincuenta años en Europa ha confirmado, en general, la bondad del camino adoptado. El trabajo de los tribunales ha contribuido esencialmente a restablecer, afirmar y profundizar el Estado de Derecho.

¿Pero, entonces a qué es debido esa sensación generalizada de desconfianza de los ciudadanos ante el funcionamiento del poder judicial, incluso del propio parlamento?

Pocos años antes del cambio de milenio y dos siglos después de que surgiera el Estado de Derecho, las sociedades albergan desconfianzas ante el funcionamiento del Poder Judicial porque no cumple de modo satisfactorio con su función. Aunque por supuesto la cumple de forma más satisfactoria que en el pasado siglo o que en un gran número de Estados en los que la justicia es un instrumento para justificar los más atroces abusos. Pero el hecho de estar entre los mejores no elimina la necesidad de mejorar, de intervenir para arreglar los desperfectos y deficiencias.

Las causas de este sentimiento real son muchas y muy complejas, en parte puede ser porque la relación del hombre con la ley y la justicia ha cambiado, ahora es más inmediata, más próxima, más generalizada, más conocida, menos formal y abstracta. Puede ser que esta relación generalizada de los ciudadanos con la ley y la justicia (factor esencial para la efectividad democrática) haya acentuado este sentimiento, esta sensación generalizada de malestar, de una desconfianza que, salvo para una minoría, no se basa verdaderamente en un conocimiento racional de las causas, sino más bien en una impresión y un rechazo.

Desconfianza también frente a la ley que no se ha dado siempre. Por el contrario, para el liberalismo el imperio de la ley fue una conquista, no desconfiaban del legislador hasta tal punto que el juez era tan sólo su servidor. La ley era la Carta Magna del a libertad y el juez su ejecutor. El positivismo jurídico dio fundamento a todo esto con su equiparación entre ley y Derecho[18], que anulaba los valores y fomentaba la impotencia frente a las injusticias, incluso a las injusticias con forma de ley. Se creía, en definitiva, que la principal garantía para luchar contra los abusos era a través del legislador que al encarnar la soberanía popular y estar sometido solamente a su conciencia de representante de la voluntad del pueblo, sus actos eran necesariamente buenos y razonables.

No obstante, la Ley durante el transcurso del siglo XX, incluso antes, ha tenido que experimentar un amplio cambio de funciones, ha dejado de ser una regla general, abstracta y forma de comportamiento humano para convertirse en un acto de conformación política orientada a un fin, algo que el hombre se concede a sí mismo. Hoy en día la ley es una medida, un instrumento determinado para superar una situación concreta. Por ello se plantea con objetivos a corto plazo y mediante negociaciones entre diferentes grupos políticos.

Éste es el sentido de las leyes de ayuda a la inversión, a la agricultura, la ley del suelo o la de presupuestos, son actos de dirección política necesarios pero no por ello exentos de controles tanto políticos como jurídicos, no son simple expresión de la voluntad política legítima condicionada a la situación y al momento. Pero estas nuevas funciones de la ley han provocado también cambios en el mismo parlamento. El primero de ellos es el fabuloso aumento de su carga de trabajo.

A los parlamentarios y gobiernos actuales esta carga de trabajo les impide elaborar, en muchas ocasiones, las leyes o normas con valor de ley con el sosiego y rigor que sería necesario y esta producción en cadena produce a veces normas con un valor jurídico conmovedoramente bajo. Otras veces se anuncia la aprobación de una ley no con la idea de ordenar una situación sino de distraer la atención o desarticular una protesta, o se intenta

[18] Ernest Forsthoff, ob., cit., pág. 97.

exculpar la responsabilidad de los titulares acusando a la ley de los efectos lesivos que provoca una mala práctica administrativa[19].

Los decretos-leyes, las leyes a veces son poco claros, coyunturales, sin vocación de continuidad, incluso mal redactados, obedecen a intereses del momento o viene acompañado por un pobreza de pensamiento, con leyes o planes que simultáneamente son aprobados y modificados, o normas que sancionan conductas que se anuncian oficialmente como no sancionables en breve plazo, cuando uno de los principios esenciales del Derecho en democracia es que para obedecer primero hay que conocer. El Derecho debe ser cierto, aunque también crea problemas un cierto legalismo exasperante, un exceso de concreción, de rigidez, de detalle basado en la creencia cartesiana de que la realidad política, social y económica puede y debe ser controlada totalmente por las normas. El diseño legal perfecto de nuestra sociedad por suerte está fuera de nuestro alcance. Las leyes también deben tener en cuenta el error, la suerte, el azar, la fatalidad o el accidente. El sistema de normas no pede prever todas las contingencias, hay que inyectar en nuestro sistema jurídico una dosis de empirismo británico, dando libertad a los aplicadores del Derecho y exigiéndoles a cambio que respondan ante todos efectivamente, de su uso y de su abuso.

Pues bien, el aumento del poder de interpretación de la judicatura, de opción, de valoración, de concreción de las normas también depende en gran medida del propio Parlamento, de la claridad con que se decidan a elaborar las leyes. Si la actividad parlamentaria y de gobierno es mesurada y técnicamente correcta, el juez dispondrá de un menor margen de decisión, de interpretación, de poder de apreciación. Por el contrario, cuando

[19] Quien lea atentamente los ordenamientos jurídicos no podrá evitar la impresión, verdaderamente acongojante, que cusa el ver cómo los ímprobos y extenuantes esfuerzos por conseguir un bien mediante una ley son frecuentemente estériles, a veces por falta de tiempo, Otto Bachoff, ob., cit., pág. 31.

la ley aprobada sea ambigua, contradictoria, confusa e incluso arbitraria o bien cuando el legislativo entre en una actividad frenética, sin medida ni sosiego, aprobando y derogando disposiciones con fines distintos a los de desarrollar los derechos constitucionales o ejercer las competencias de dirección política que se le atribuyen o bien cuando no desarrolle correctamente algún derecho constitucional, el juez dispondrá de un margen de interpretación mayor porque deberá con pleno sometimiento a la Constitución[20] y a su jurisprudencia corregir las deficiencias y aportar con su interpretación claridad, llenar las lagunas o deshacer contradicciones. Y en estos casos, es decir, cuando el juez concreta la norma, por muchas lagunas y deficiencias que ésta tenga no está aplicando directamente la Constitución ni está legislando, dado que es el propio poder legislativo el que le fija su marco de actuación, el que le habilita a completar con su interpretación la laguna o salvar la deficiencia.

Y no requiere de mayores argumentaciones que esta actividad técnica de concreción, de interpretación, de creación jurídica, de corrección de las deficiencias técnicas en base a la jurisprudencia primariamente constitucional, tenga que realizarla un jurista ni que esta instancia técnica e independiente de control de legalidad deba realizarla un tribunal que está compuesto por personas versadas en derecho, cuya actividad consiste en aplicar y concretar las normas por muy deficientes que sean técnicamente.

En definitiva, la relación de los ciudadanos con la ley y la justicia ha cambiado radicalmente y el problema es que el sistema judicial, aunque las condiciones son muy distintas, sigue siendo el diseñado en el siglo pasado para atender de pocos asuntos que afectaban a un reducido número de

[20] En el caso español, a los límites que la propia Constitución le impone como la reserva constitucional de ley para el desarrollo de los Derechos Fundamentales (arts. 59.1 y 81.1 de la Constitución Española.) Véase J. L. Cascajo, «Constitución y realidad constitucional», *Revista Jurídica de Navarra*, núm. 6, 1988.

personas y que eran realmente sencillos desde el punto de vista jurídico. El sistema no ha evolucionado lo suficiente como para asumir el aumento del número y naturaleza de las leyes y como consecuencia de ello la aparición de grandes masas de asuntos judiciales que afectan a muchos y alcanzan una gran complejidad. La desconfianza de la ciudadanía en el funcionamiento de la Administración de Justicia no está provocada tanto por las funciones y competencias que adquiere el Poder Judicial como por el lento modo de ejercerlas.

¿El poder judicial con su estructura y sus medios, con sus actuales procedimientos puede asumir con garantías este aumento necesario de sus competencias de control? ¿puede ejercer eficazmente su poder en un momento de cambios vertiginosos de todo orden y magnitud?

Ésta es la cuestión, porque muy pocos en el fondo discuten la conveniencia, incluso la necesidad (que no es nueva)[21] de extender el control judicial a toda clase de actuaciones.

Para cumplir con esta importante y revaluada función de garantía última de los derechos y control del ejecutivo, la Constitución rodea a la judicatura de una serie de principios, garantías, límites y responsabilidades que deben ser mayores cuanto mayor sea su poder, porque la democracia se caracteriza por poner a todo poder bajo el control de la soberanía ciudadana. No debe haber poder incontrolado en democracia y ahora que la judicatura se está revelando necesariamente como un poder cada vez con mayor peso, no podría subsistir el Estado de Derecho si no se define claramente su naturaleza, titularidad, potestades, garantías y, por tanto, límites.

El primero de esos principios es la independencia[22], independencia en el ejercicio de la función jurisdiccional que se extiende frente a todos, fren-

[21] Bachof, ob., cit., págs. 35 y sigs.

[22] Principio consagrado de forma contundente en la Ley Orgánica del Poder Judicial.

te a los propios órganos jurisdiccionales y los órganos de gobierno del Poder Judicial[23], que no pueden corregir las decisiones de sus inferiores si no es con ocasión del recurso que legalmente proceda. Independencia frente a los demás poderes, instituciones y particulares, todos, y el juez el primero, están obligados a respetarla con la más absoluta prohibición de cualquier clase de interferencia[24].

Pero esta independencia como principio imprescindible no impide que sus decisiones puedan ser comentadas y criticadas por quien es ajeno al proceso, incluso evaluadas, comentadas y criticadas socialmente, sin que por ello se conviertan automáticamente en un espectáculo, o en una excusa para oscurecer los hechos y generar confusión, en un fantasma manipulable. Por eso es conveniente también que las críticas y comentarios a las decisiones judiciales estén razonablemente fundamentadas en Derecho, que no sean fruto del capricho o la frivolidad.

Pero una valoración social de sus actuaciones también es necesaria porque los jueces, los fiscales, los abogados, deben también rendir cuentas de sus actos y no sólo ante sus superiores, deben razonar sus decisiones y responder a las objeciones. En la sociedad de nuestros días no puede haber poderes indiscutibles porque la democracia exige también a la judicatura transparencia en las razones que justifican sus decisiones, exigen que éstas puedan soportar una explicación objetiva pública, una respuesta satisfactoria razonable, susceptible de resistir la comparación con otras, una buena respuesta que nos convenza de que la decisión no es sólo la más legal, sino también la más justa.

[23] En el caso español en los arts. 117.1, 2 y 3 de la Constitución Española y arts. 12 y 13 de la Ley Orgánica del Poder Judicial.

[24] En el estatuto jurídico de Jueces y Magistrados, de tal suerte que a la clásica garantía –constitucionalmente reconocida– de inamovilidad se añade otra, en virtud del a cual se excluye toda competencia de los demás poderes sobre la aplicación de su estatuto orgánico (art. 122.2 y 3 de la Ley Orgánica del Poder Judicial).

La legitimidad de origen, la autoridad, la competencia ya no es suficiente para justificar la actuación de los tres poderes y e particular de la judicatura, es imprescindible también la legitimidad de ejercicio, que exige dar razón de los actos, no sólo razones jurídicas, es necesario justificarse ante los ciudadanos demostrando que van en el buen camino, «responder a su objeciones y reclamaciones, demostrar que sus actos son objetivos y razonables y no arbitrarios y caprichosos»[25].

El Poder Judicial debe apoyarse también en la idea de ciudadanía y no amparar sus decisiones en un lenguaje artificialmente complejo y oscuro, diciendo las cosas de esa manera, frecuente en el mundo jurídico, llena de oscuridades y pretensiones que esconden mercancías de poco valor, superando el espíritu de pesadez y la falta de imaginación. Los jueces deben preocuparse más por los que quieren saber que por los que saben. Las leyes han de ser sencillas y claras, por eso cuando se elabora una ley hay que estar muy atento a la manera de escribir, a la forma del idioma.

Debemos alegrarnos, por tanto, de la atención y publicidad que tiene hoy la jurisprudencia, que no ha sido propia de todas las épocas. Atención que fomenta las críticas y la valoración de sus decisiones fomentando, por tanto, la necesidad de que éstas estén cada vez más justificadas, más explicadas para evitar la reacción del público frente a la decisión equivocada, injusta o arbitraria. Atención que demuestra las grandes esperanzas depositadas en el juez, pero también que no puede atribuirse únicamente a sí mismo la valoración de su trabajo, sustituyendo la fe en la autoridad por la exigencia de que demuestre en cada una de sus actuaciones su corrección y justicia. Los comentarios, las valoraciones, las críticas razonadas a las decisiones judiciales no afectan a su independencia, antes bien la fortalecen porque no cuestionan su validez jurídica sino su eficacia y justifica-

[25] E. García de Enterría, ob., cit., pág. 80.

ción. Los jueces no deben convencernos por sus formas sino persuadirnos con sus argumentos.

Además, la independencia judicial como garantía de imparcialidad, que no de neutralidad, afecta a su función jurisdiccional, es decir, la estricta función de juzgar, de administrar justicia, pero no al funcionamiento material de la Administración de Justicia en cuanto servicio público.

Los órganos de gobierno del poder judicial o los Defensores del Pueblo no pueden interferir en la potestad jurisdiccional que solamente puede ser revisada, como se ha dicho, por los tribunales superiores mediante los recursos, pero sí pueden y deben intervenir en el control y supervisión de la Administración de Justicia, del servicio público judicial, de la oficina judicial. Intervenir ante las dilaciones indebidas o colapsos de los juzgados o cuando se extravían sumarios o procedimientos, cuando se incumplen los horarios o ante actuaciones irregulares de los Colegios Profesionales de Abogados, Procuradores, Notarios o Registradores de la Propiedad. También en la reconstrucción de sumarios y piezas de convicción, errores en la tramitación de determinados procesos, inejecución de sentencias, cancelación de órdenes de busca y captura, designación de abogados de oficio o indemnizaciones a los testigos, etcétera.

Pues bien, esta peligrosa y creciente sensación de desprestigio que los ciudadanos tienen de la justicia se señala también, y de una forma razonada cada año, en las memorias e informes anuales de los órganos de gobierno de la judicatura, de la Fiscalía General o el Defensor del Pueblo, denunciando que el funcionamiento de la Administración de Justicia no responde a las necesidades del momento aunque hayan intentado en los últimos años transformarse para adecuarse a estos nuevos tiempos.

Es cierto que en los últimos años se han realizado considerables esfuerzos para disponer de una justicia independiente sometida a la ley emanada de la voluntad popular, responsable y capaz de hacer frente a la demanda de un servicio público eficaz, incrementando notablemente las dotaciones presupuestarias, doblándose el número de jueces y magistrados.

Pero todo ello, que ha sido necesario, ha resultado insuficiente. La justicia sigue anclada en el modelo del Estado liberal. Se han dado pequeñas reformas, parciales, urgentes, pero un cambio desde entonces no se ha producido[26]. Y esto está provocando que el descontento y la desconfianza con su funcionamiento sean muy grande, con retrasos y dilaciones en sus actuaciones que a menudo duran más de una década.

Como se está denunciando por el propio Consejo General del Poder Judicial, resulta difícil explicar a los ciudadanos por qué hay miles de asuntos por resolver en los tribunales y que nadie responda por ello, o cómo es posible que gran parte de la población penitenciaria sean preventivos a la espera desesperada de su juicio, o lo largo, costoso y complicado que resulta resolver un sencillo juicio de faltas o un proceso civil de mínima cuantía con frustrantes, cuando no injustos, resultados o ejecuciones de sentencias favorables con retrasos en su ejecución.

La Administración de Justicia es considerada hoy por un gran número de ciudadanos e instituciones como lenta y costosa y así año tras año las memorias internas de los poderes judiciales y los informes del Defensor del Pueblo señalan urgentes reformas para que la justicia pueda ejercer más eficazmente el poder que la Constitución le ha otorgado.

Se dice en dichos informes que es preciso acometer la reforma procesal siempre pendiente, adecuándola a la rapidez y complejidad de los asuntos, simplificándolos para eliminar oscuridades y dilaciones que alejen a los ciudadanos de los tribunales, reduciendo el número de procedimientos sin merma de las garantías que aporte mayor claridad y proximidad. Se repite

---

[26] Para todo ello me remito al *Libro Blanco de la Justicia*, Consejo General del Poder Judicial, 1997. Véase también Ángel Calderón Cerezo, «De nuevo sobre las reformas de la justicia», *El País*, 28 de abril de 1997.

año tras año que es necesario reorganizar las oficinas judiciales, diseñando una nueva administración de justicia con un modelo de secretaría judicial más efectiva, que evite que el aumento de medios técnicos, por otra parte imprescindibles, no sirva para informatizar el desorden y el caos, simplificando la toma de decisiones y evitando la complejidad burocrática, ampliando la oralidad en toda clase de procedimientos porque la justicia, para serlo, debe ser ágil y los juicios realmente rápidos, replanteándose la función del Fiscal que por mandato constitucional tiene como misión la defensa del Estado democrático y los derechos de los ciudadanos mediante, entre otras funciones, la persecución del delito. Animando a los colegios de abogados a que ejerzan, superando el espíritu corporativo, las acciones disciplinarias previstas contra los abogados que abusen de su posición o no cumplan con su función de defensa.

Ahora bien, estas reformas que son ya tan obvias no pueden distraernos haciéndonos pensar que los solos cambios legales son suficientes, porque no es así, sin una ética cívica y una responsabilidad demostrada de los implicados en la administración de justicia, nada bueno podemos conseguir.

No podemos seguir culpando de la situación al repetido argumento de la insuficiencia de medios materiales. La crisis[27] es más profunda y la reforma necesaria más global y transparente. En dicha reforma no puede omitirse la reconsideración sobre el sistema de formación y elección de sus titulares y adecuar eficazmente los procedimientos de control y de responsabilidad, dado que en la actualidad la acción disciplinaria prevista normativamente es lenta e incierta.

El problema real no es, por tanto (así llegamos al final), el aumento de competencias del juez que asume, como no puede ser de otro modo, el

---

[27] *Cfr.* Héctor Romero Ramos, «Los males de la patria. Un estudio comparado de las retóricas de la crisis de 1993 y 2008» en *La Historia, lost in traslation?*, coord. por Damián Alberto González Madrid, Manuel Ortiz Heras, Juan Sisinio Pérez Garzón, 2017, págs. 3789-3796.

control jurídico de todos los actos de gobierno, sino la impunidad que pueda darse en el ejercicio del poder de imponer el imperio de la ley mediante el control de legalidad de actos cada vez más complejos y sofisticados.

Como se ha dicho por voces mucho más autorizadas que la mía, es necesario eliminar con garantías esta imagen popular, pero no por ello totalmente falsa de extrema dificultad para exigir responsabilidades a los jueces o jurados, fiscales o abogados, culpables de errores judiciales, dilaciones indebidas, encarcelamientos injustos o diligencias arbitrarias. Es necesario restituir la confianza de los ciudadanos en la justicia exigiendo que en sus actuaciones haya altos niveles de independencia y rigor, eliminando cualquier imagen de impunidad, fortaleciendo el poder de la judicatura, pero consecuentemente aumentar también la cuota de responsabilidad, dado que deciden sobre nuestra libertad, propiedad, empleo o vivienda, sobre nuestros más íntimos y fundamentales derechos[28].

Los titulares del Poder Judicial deben prepararse para usar bien las leyes porque la interpretación no es más que adiestramiento previo y reconocer que la culpa de sus abusos no será siempre del sistema ni exclusivamente de las leyes o la escasez de medios materiales, sino en gran medida también de ellos mismos que son responsables individualmente. El juez es responsable porque tiene libertad en su actuar, porque tiene poder.

Incluso una ley defectuosa no puede absolver a los jueces responsables de una sentencia manifiestamente injusta. El desplazamiento de la culpa a la sociedad, los medios, la ley o el destino, aniquila la necesaria libertad e independencia de que debe disponer el juez para poder impartir justicia y favorecer la búsqueda de cruzados y culpables que exculpan la irresponsabilidad y fomentan la dejadez y la falta de preparación. *El juez no puede ampararse en la ley para justificar sus abusos, errores e injusticias porque debe suplirlos con*

[28] E. García de Enterría, ob., cit., pág. 93.

su interpretación o recurrir al Tribunal Constitucional cuando la incompatibilidad de la ley aplicable con la Constitución resulte indudable por ser imposible llevar a cabo dicha interpretación»[29]. En definitiva, el juez puede ser mejor, sin que para ello deban cambiarse antes todas las leyes, o se le dote de los mejores medios, y será mejor cuanto más adiestrado está en su tarea, que no es expresar lo que es la ley, sino expresar la relación entre una subjetividad y la ley, juzgando las conductas y no a las personas.

Por todo ello puede decirse que la situación actual impone un reforzamiento de los mecanismos para corregir y controlar las actuaciones arbitrarias, es decir, faltas de fundamento, pero también la dejadez o la falta de preparación (sin revisarlo todo para que no quede nada) y uno de estos controles es la aplicación de la interdicción de la arbitrariedad de todos los poderes públicos. Interdicción[30] que incluye la desviación de poder, falta de motivo o razón suficiente, la proporcionalidad o apreciación inexacta de los datos de hecho, la buena fe y la manipulación de medios[31]. Estos principios legales, que no morales, se extienden también al fondo mismo de las actuaciones de los tribunales, y ello implica necesariamente unos controles para que este sometimiento pueda cumplirse y la arbitrariedad corregirse. Implica, pues, un sistema efectivo de revisión y de exigencia de responsabilidad por los superiores y de control de constitucionalidad por parte del Tribunal Constitucional[32].

Y si todo lo dicho resulta desde hace tiempo imprescindible, más lo será en el futuro, cuando la judicatura deberá resolver los conflictos y problemas de un mundo en proceso de transformaciones rápidas, complejas y

[29] S.T.C. 93/1984 de 16 de octubre.

[30] Artículos 9.1, 9.3 y 107 de la Constitución Espñaola.

[31] Tomás Ramón Fernández, *Arbitrariedad y discrecionalidad*, Civitas, Madrid, 1991, pág. 94.

[32] Sin entrar ahora en la polémica (recurso de amparo-recurso de casación). Francisco Tomás y Valiente, «La Constitución y el Tribunal Constitucional», en VV. AA., *La jurisdicción constitucional en España,* Tribunal Constitucional - Centro de Estudios Constitucionales, Madrid, 1995, págs. 15 y sigs.

profundas. Transformaciones que exigen más que nunca que la judicatura cumpla una función de adecuación del Derecho a los nuevos tiempos porque hemos resuelto unos conflictos, pero no hemos encontrado el bálsamo milagroso que evite los nuevos.

En este nuevo mundo, la concepción dogmática del Derecho o la división de poderes como compartimientos estancos o mantener una concepción de la justicia anclada en los Estados nacionales resultan ideas obsoletas. Pues bien, no sé si el Poder Judicial, que es del que estamos hablando, se está preparando suficientemente para afrontar este futuro.

Problemas planetarios como el paro, la pobreza, el crimen organizado o la destrucción del medio ambiente no se solucionan descolgando el teléfono y llamando a la autoridad competente, son demasiado globales y solamente pueden afrontarse en grupo mediante el diálogo, el compromiso y el acuerdo; mediante nuevas legalidades renovando incluso la idea que tenemos del Derecho y la Justicia, que cada vez tendrán un carácter más internacional y lo que es más importante y difícil, nuevos comportamientos porque el funcionamiento tradicional de los poderes (que no son ideales pero sí necesarios) ya sólo sirven para decirnos lo que es evidente y la política tiene sentido si inventa nuevas perspectivas[33].

En definitiva, los juristas en general y los jueces en particular tienen que ser capaces de enfrentarse con eso nuevos problemas y realidades, deben contribuir a evolucionar el Derecho ajustándolo a las nuevas circunstancias, adecuándolo al a realidad social, al cambio, no siendo un obstáculo a su natural evolución, sino al contrario, institucionalizando los cambios sociales, fomentándolos, haciendo que el Derecho cumpla con su función transformadora de la sociedad, empujando la legalidad hacia una más libre y justa regulación de los nuevos tiempos.

---

[33] Ideas recogidas de diversos escritos de Fernando Savater.

EL *OMBUDSMAN*[1]

SI ALGUIEN ME HUBIERA ANUNCIADO que algún día desempeñaría las tareas de Adjunto y de Defensor del Pueblo en funciones, tendría que haberme dicho además que la vida puede ser una aventura inesperada y siempre extraordinaria. Nunca me creí destinado para esta labor y fue un capricho del destino lo que me condujo hasta allí.

La experiencia ha significado un gran honor y me ha conmovido de forma tan profunda que se manifiesta en cuanto empiezo a escribir. Por esta razón, la introducción a estos comentarios, que como director me toca realizar, no puede ser sólo el análisis exegético general de la norma o histórico de los orígenes de esta garantía jurídica, que instituyó de forma novedosa la Constitución de 1978, sino también el lugar donde recoger el rastro de una serie de experiencias y vivencias que puede ayudar a comprender el aspecto humano de esta institución del Defensor del Pueblo que no se encuentra en las páginas de la ley.

Véase también en estas líneas un mínimo homenaje a quienes hicieron posible la experiencia que me permite ahora escribir sobre el *ombudsman* y

---

[1] La primera versión del artículo se publicó como introducción del libro *Comentario a la ley Orgánica del Defensor del Pueblo,* Editorial Aranzadi, 2002.

lo hago conmovido por el agradecimiento hondo y duradero a los que la favorecieron.

Al llegar al Defensor del Pueblo, en 1990, me encontré con una institución a la que en el plano teórico no se le había prestado excesiva atención y respecto de la cual muy pocos sabían bien para lo que servía. Contagiado por el entusiasmo de los asesores de la Institución me inicié en un proceso en el que cierta locura era cordura. Muy pronto descubrí que el verdadero trabajo del Defensor consistía en dejar al descubierto el forro del Estado, llevando la mirada hasta los nimios acontecimientos que se producen tras la tribuna que lo sustenta, igual que el niño ve desnudo al poder en el cuento de Andersen.

Qué sabríamos de los defectos del funcionamiento del Estado si no se hubiesen transmitido año tras año las voces y los testimonios de aquellos que probablemente no escriben la historia, pero que indudablemente la construyen. Si no hubiera estado allí no sabría casi nada de la complejidad de las situaciones sociales, comprobando una vez más que la mejora de nuestras garantías y derechos se cimenta en los momentos de pérdida y crisis. Cuando las estructuras se rompen contra su propia historia y se convierten en casi nada, cuando la historia de nuevo titubea y en ocasiones zozobra y las ideologías se desvanecen, ofreciendo la sensación de que todo puede resbalar, cuando los juristas, cansados de pelear por notas a pie de página, nos extraviamos en una cierta incertidumbre, es entonces cuando organismos tan originales, presentes e indeterminados como el Defensor del Pueblo se cotizan más. Porque, en cierta forma, el Defensor crece ante las crisis, de lo que los demás hacen mal o no hacen. No es mala iniciativa comprobar con el Defensor cómo el poderoso, atareado en pergeñar su complejo temario, olvida y deja de ver todo aquello que, de esencial, le parece superfluo.

El Defensor es el que mejor escucha el ruido de la carcoma. Su función es profanar los santuarios y contar a los supervivientes las viejas y nuevas realidades. Sin embargo, si hojean las declaraciones o escuchan el murmullo del mundo del derecho y la política, siempre que lo secundario desplaza impertinentemente a lo primario hay una cierta tendencia a ocultar o minimizar el trabajo del Defensor. No obstante, mientras el poder sea contradictorio el Defensor tendrá sentido e incluso volteará la mirada y se encontrará con las personas para las que la Institución no es sólo una garantía, sino un medio de supervivencia.

La obra del Defensor renuncia a lo fastuoso de lo inexplicable y se conforma con resultar neta, evidente y correcta, con desenredar la maraña de argumentos, oscuridades calculadas y neologismos vacuos o inaccesibles, propios de los excesos del poder, denunciando el desprecio de quienes niegan la existencia de los problemas e injusticias.

En seguida se sabe lo que el Defensor del Pueblo quiere decir, lo que, de un modo u otro, repite año tras año, hasta el punto de llegar a pensar, equivocadamente, que se puede pasar sin él. El Defensor es una figura independiente, pero no tiene la obligación de veracidad y neutralidad, así como tampoco la superstición de lo nuevo. No debemos considerarle excesivamente dogmático en contra de sus presupuestos, la más clara acusación que puede recibir. Parece que lo ve todo negro, incluso cuando la forma de sus actuaciones es afirmativa, pero es que ésta es su labor de denuncia.

Es una institución difícil de definir y aún provoca una risa fácil por los excesos de su nombre, demasiado estruendoso; como en el relato de Kafka, cuando el mensajero del emperador no podía alcanzar su meta porque la inmensidad artificial del propio imperio se lo impedía; por la misma razón por la que Aquiles no conseguirá dar alcance a la tortuga, de igual modo, quizá tampoco el Defensor logre nunca responder plenamente a lo que su nombre sugiere en la mente de los ciudadanos que todavía no se han acercado a él.

El Defensor del Pueblo, entendido literalmente, no es un medio para avanzar, sino un fin en sí mismo. Pero tiene la gran ventaja de la proximidad y simplicidad, aspectos que lo diferencian de aquellos otros organismos oficiales que por su distancia y artificio provocan rechazo e incluso temor. Aunque hay que tener cuidado, porque no hay esperpento sin un fondo solemne sobre el que destacarse. ¿Y qué mejor fondo y de mayor solemnidad que el nombre de Defensor del Pueblo?.

Después de veinte años aún no sabemos bien lo que es. Cierto es que, muchas veces, y más respecto a esta clase de instituciones, un exceso de preocupación teórica se interpone como un burócrata insaciable, un poco al modo de aquella parodia donde Cortázar da instrucciones para subir una escalera de forma tan detallada y abstracta que los oyentes se quedan en la higiene de los manuales de uso sin lograr apenas ascender un peldaño. El Defensor debe ser una institución material y dúctil que, envuelta en el Derecho, se sumerja en la sociedad.

Estoy convencido de que al Defensor se le conoce y comprende cuando se acude a él, enriqueciéndose con la experiencia lo expresado sólo en términos teóricos. Por eso hemos intentado que estos comentarios a su Ley Orgánica sean eminentemente prácticos; elaborados, por supuesto, desde el estudio teórico, pero también desde la propia experiencia de sus autores y, por tanto, más subjetivos de lo ordinario, desiguales y acaso cuestionables, pero útiles para descifrar las claves y revelar los problemas del *ombudsman* español. En ocasiones, como verán, se escriben estos comentarios en contra de las corrientes dominantes, con naturalidad, sin pretensiones, sintiendo que escribir es antes que nada una forma de fidelidad, una obligación de trasmitir lo aprendido a los demás. Por ello, gran parte de ellos han corrido a cargo de asesores de la institución que han contribuido a concretar la figura del Defensor del Pueblo a partir de un marco tan indeterminado como el de su Ley Orgánica, o bien de profesores y técnicos que han seguido y descrito su desarrollo.

Inevitablemente, en estos comentarios a la Ley Orgánica del Defensor del Pueblo se repite lo que ya se ha dicho, pero que por ello no queda sentenciado, variando acaso el énfasis en alguno de sus criterios. Sin miedo a las equivocaciones, que han hecho rico, profundo y matizado nuestro mundo, sin buscar el orden perfecto y lógico, porque todo orden esconde generalmente el caos, omitiendo las opiniones sobre aquello que ignoramos y sin decidir soberanamente sobre lo que se escapa. Sin rechazar la generalidad, prestando atención al entramado vital en el que se desarrollan las actividades del Defensor del Pueblo, sin adoptar actitudes despectivas hacia el caso particular, pero sin hilar la tela tan fina que sea imposible tejerla. Lo que intentamos es, partiendo de lo concreto, actualizar conceptos y aproximar en lo posible los criterios, la interpretación de estos preceptos. Por otro lado, para llegar a precisar el contenido y alcance de una institución como esta, con un sentido a la vez completo y complejo, debemos evitar dos peligros contrapuestos, un exceso de generalidad, pero también un particularismo desmedido.

La misión consiste entonces en explicar y también reconocer y resolver los problemas jurídicos que plantea la LODP. ¿En qué consisten estos problemas? En gran medida en confusiones conceptuales, en ambigüedades o insuficiencias del lenguaje. Ante ellos, el jurista debe ejercer sus habilidades, tanto para detectar los enredos como para proceder técnicamente a su disolución, sin olvidar que interpretar es decir lo que parece más ajustado, lo que «parece» y no lo que es, porque siempre puede haber criterios de corrección y adaptación. Porque ninguna interpretación agota lo interpretado y sólo sirve para brindar materiales, con los cuales, otro jurista pueda ir fabricando la suya. La verdad en Derecho siempre es oscura y esto a fin de cuentas es lo que nos salva.

Por lo tanto, estos comentarios no pretenden que todos los hechos y experiencias conocidas del DP concuerden con las afirmaciones que aquí se expresan, porque ni siquiera en aquellos trabajos basados en experimentos y medidas de la más alta precisión y fiabilidad tal identidad se logra. Así es como el punto de vista copernicano era en tiempos de Galileo inconsistente con hechos tan obvios y simples que él mismo hubo de considerarlos «seguramente falsos». No se puede renunciar al contenido de una interpretación porque algunas dificultades o hechos la contradigan. El procedimiento más común ha sido olvidarse de las dificultades y proceder como si la teoría fuera impecable, porque ya se encargará la historia de irla perfilando. Ninguna interpretación es consistente con todos los hechos. Todas son «aproximaciones». Nuestro material, leyes, experiencias, hechos y teorías sobre el DP, no deja de ser un material ambiguo, contaminado por principios que no conocemos, sensaciones, impresiones, sentidos, incluso lenguajes atados a viejos niveles, elementos todos ellos de difícil control.

Por otra parte, la interpretación, en este caso de la LODP, no está vinculada solamente a los casos de oscuridad de la norma, sino a todo el abanico de aplicación a la realidad. Toda aplicación, en mayor o menor medida, implica una determinada interpretación, atribuye un significado a la norma. Esto es lo que intenta la presente obra. Ademas, respecto a la interpretación los juristas hacemos algo más que subsumir el supuesto de hecho en la norma. En particular esta LODP no tiene un contenido inequívoco, evidente por sí mismo. No creo que exista una única interpretación lógicamente correcta. La exactitud lógica no es por lo general el único criterio que justifica y legitima la acción interpretativa, sólo el límite infranqueable. La LODP no es completa ni clara y tiene lagunas que no pueden colmarse mediante la exégesis. El mecanicismo es irreal en la vida del Derecho moderno, complejo y contradictorio, que no esta predeterminado en todos sus extremos. Siempre hay un margen de libertad en su aplicación, una posibilidad de opción entre diferentes sentidos, porque un concepto es una invención a la que nada corresponde exactamente, pero a la que muchas cosas se parecen. Todo ello no quiere decir que realicemos una interpretación libre, discrecional[2]. El intérprete de la LODP debe someterse a la norma y a la teoría y reglas que permiten aplicarla, pero siempre existe margen de discrecionalidad de libre apreciación, valoración que no es incompatible con la objetividad más rigurosa. Interpretar no es hallar por un procedimiento intelectual normas de derecho ya existentes, sino crear por un acto de voluntad una norma nueva que no existía hasta el momento de ser interpretada. Esta actividad es subjetiva pero también objetiva porque está sujeta técnicamente a principios, es una actividad científica, vinculada a los parámetros normativos y a la teoría de la interpretación que garantizan que los juicios de valor no caigan en los excesos del «Derecho libre».

A pesar de los defectos de su ley reguladora, el Defensor del Pueblo ha cumplido dos décadas. Nadie podía imaginarse cuando fue creado que adquiriera tal importancia y que se mantuviera tan vivaz y alerta, nutrido de aspiraciones, escéptico, punzante, cortés, reposado y colérico, alegre y desesperado a la vez, dividido entre la avidez de la vida y el sentido de la responsabilidad.

La naturaleza del Defensor del Pueblo refleja con bastante exactitud la vieja contraposición romana entre *autorictas* y *potestas*, distinción que cayó en desuso durante siglos, pero que resucita como categoría necesaria para definir y situar al *ombudsman* en el conjunto de las instituciones. La contraposición autoridad-potestad la encontramos en la esencia misma de la constitución republicana romana, donde la potestad de los magistrados, que era la concreción de la majestad popular, estaba limitada por la autoridad senatorial.[3]

Revestidos de autoridad estaban también los juristas, que con su saber prudencial asesoraban a los magistrados, jueces y particulares, y los augu-

[2] J.L. Cascajo Castro, «Los Defensores del Pueblo en el Estado Social y Democrático de Derechos. Una perspectiva teórica», *RVAP*, Nº 24,1989.

[3] María José Corchete Martín, *El defensor del pueblo y la protección de los derechos*, Ediciones Salamanca Universidad, 2001.

res, que mediante la observación de ciertos signos celestes, interpretaban la voluntad de los dioses y cuya opinión de autoridad se imponía a cualquier otra.[4]

Este reparto de funciones entre la *autorictas* de los augures y senadores y la *potestas* de los magistrados, o del *pater familias*, sirvió para establecer un sabio equilibrio. La *potestas* era delegable y territorial, la *autorictas* era indelegable y personal. Con el inicio del Principado ese binomio fue sustancialmente alterado, hasta desparecer un siglo después, cuando se identificó la autoridad y la potestad en la persona del Emperador, situación heredada hasta nuestros días. La *autoriítas* no sólo puede definirse como el saber socialmente reconocido, sino la influencia que tiene aquel al que se reconoce ese saber. En términos generales, la autoridad es un estatus, un ámbito de actuación en función de su saber e influencia, de lo contrario, la potestad absorbe la autoridad, como ocurrió en la época de la inquisición y sigue ocurriendo en las dictaduras.

No obstante, para que el Defensor del Pueblo adquiera esta autoridad, este respeto social incluso político, esta confianza que da la sola presencia, es decir, para que alcance lo más alto, que como dice Borges, «es sencillamente ser admitido como una parte de la realidad innegable, como las piedras o los árboles», no solamente es necesario gozar de independencia y prestigio, es más importante incluso, que se gane el apoyo y reconocimiento social de la gente con sus actuaciones, que deben ser jurídicamente rigurosas y claramente fundamentadas, novedosas, avanzadas e imaginativas. La *autoriítas* se adquiere y mantiene con la independencia y rigor de los actos, no es una cualidad que una vez otorgada se mantenga. Por el contrario debe ser ganada y consolidada con la publicidad y divulgación de sus actuaciones

[4] La «autoridad» también tenía una dimensión física, Quintiliano se refiere, por ejemplo, a la autoridad que destellaba, en concreto, la frente del orador Tracalo Autoriítas. Rafael Domingo. *El País,* 7 de enero de 1999.

efectivas y rigurosas. Por eso el *ombudsman* necesita de una cierta complicidad con los medios de comunicación, necesita que éstos divulguen el carácter de la institución y su trabajo y con él, la autoridad de su titular.

En definitiva, el Defensor necesita estar presente en la sociedad y ello se consigue con los informes anuales y especiales, con los viajes e inspecciones por el territorio y con las denuncias y las comparecencias en el Parlamento. Su autoridad y efectividad dependen, en definitiva, del resultado de su obra, que ya no debe limitarse al conocimiento de las quejas sobre mala administración, o supervisión de los servicios públicos, sino que interviene decisivamente en la defensa de los derechos fundamentales, en los procesos de trasformación social, incluso en la consolidación de los procesos democráticos, como en Iberoamérica, y en la adaptación y evolución de las estructuras políticas.

Cuando realiza inspecciones a centros públicos y se reúne con los afectados por una contestada actuación administrativa, cuando tiene la oportunidad de dialogar con esos afectados y dar su opinión sobre los hechos y pedirla, cuando trabaja eficazmente para que se modifiquen actos administrativos irregulares, o normas contrarias a los principios constitucionales, haciendo partícipe a la ciudadanía de sus servicios, el Defensor del Pueblo aumenta su autoridad y con ella su eficacia, porque la población no solamente tiene derecho a quejarse, sino que necesita que sus quejas, problemas, carencias, aspiraciones o injusticias sean conocidas, incluso aunque no se solucionen, que su existencia sea admitida por el poder, porque lo contrario constituye el mayor desprecio hacia la persona.

Podemos admitir que las cosas estén mal, pero no que se niegue que lo están. A esta labor de evidenciar, de destapar y divulgar, puede contribuir en gran medida el Defensor, denunciando a los que niegan las evidencias, a los que hacen luz de gas con los problemas sociales, que disimulan lo obvio a base de desfigurarlo y cubrirlo y distraerlo. Como dice Enrique Múgica, el

Defensor puede contribuir en gran medida a destapar la verdad y construir un mínimo común acuerdo y una mínima aceptación de la realidad palpable.

Por eso es necesario el *ombudsman*, porque en las sociedades democráticas avanzadas cada día se necesitan más instancias con autoridad que limiten y controlen esta tendencia omnicomprensiva del poder, que aunque constitucionalmente dividida, esta muy concentrada, y ésta puede ser una de las razones para explicar la actualidad y su auge en el mundo.

¿Es necesario un *ombudsman*? Es sabido que, desde mediados de este siglo, ya no es suficiente con declarar los Derechos para asegurar su protección, que es necesaria la intervención del Estado y de los organismos internacionales para remover los obstáculos que dificultan su realización, y que por lo tanto es necesario añadir a las Declaraciones un amplio abanico de técnicas e instituciones que tutelen su efectividad Estas garantías son básicamente de dos clases, unas generales y otras más específicas, que consisten en instrumentos jurídicos e institucionales encaminadas a proteger al ciudadano frente a un mundo cada vez más complejo.

Como garantías generales se suelen citar, entre otras, las condiciones políticas que coinciden con los elementos propios del Estado de Derecho, como el imperio de la Ley, el pluralismo político o la división de poderes. Pero dos siglos después de que surgiera el Estado de Derecho, las sociedades albergan desconfianzas ante el funcionamiento de estas garantías porque no cumplen de modo satisfactorio con su función. Aunque por supuesto lo hacen de forma más satisfactoria que en el pasado siglo. Las causas de este sentimiento real son muchas y muy complejas y producen una sensación de malestar, de desconfianza que, salvo para una minoría, no se basa verdaderamente en un conocimiento racional de las causas, sino más bien en una impresión y un rechazo.

Pues bien, la institución del *ombudsman* con su naturaleza novedosa y especial, que tanto cuesta definir jurídicamente, puede resultar útil en este novedoso proceso transnacional. Si ya resultaba desde hace tiempo conveniente su reconocimiento por los Estados, más lo será en el futuro, cuando se exigirá al poder democrático resolver conflictos y problemas de un mundo en proceso de transformaciones rápidas, complejas y profundas.

¿Qué es el Defensor del Pueblo? Como antes se ha dicho, el Defensor del Pueblo es una institución que cuesta definir, es distinta a las demás y que en principio resulta rara, incluso contradictoria con el imperio de la ley y la distribución territorial e institucional del poder en el Estado de Derecho. Una institución que sin poder, tiene por finalidades controlar a los poderes legitimados democráticamente y, en nuestro caso, incluso al propio parlamento y que, además, lo hace efectivamente sobre la base de la autoridad, persuasión y al coste político que tiene para los órganos e instituciones fiscalizados, ser denunciados públicamente por el Defensor y así el *ombudsman*, sin poder jurídico, puede condicionar la voluntad de los poderes soberanos

El Defensor del Pueblo es un *ombudsman* cuyas decisiones (recomendaciones, admoniciones, reproches, informes) no vinculan a sus destinatarios, pero adquieren efectividad en función de la *autoriítas* y los argumentos jurídicos en los que se fundamentan. Es una garantía jurídica pero diferente, sin poder, ni competencias para anulas actos o modificar situaciones, tan solo dispone de atribuciones para conocer las deficiencias y darlas a conocer a los otros poderes del Estado y a la sociedad.

Esta naturaleza es lo común a todo *ombudsman*, lo que permanece en el cambio, su esencia. Consiste en recibir y dar cauce a las quejas de los ciudadanos y cuando hablamos de quejas en realidad nos estamos refiriendo al antiguo derecho de petición, que nace al inicio de la Edad Media (en 1215 ya era práctica habitual en Inglaterra ejercer el derecho de petición ante el Rey) y se convierte en uno de los indicadores principales del progreso histórico, reconociéndolo hoy prácticamente todos los ordenamientos, con distinto alcance. Consiste en la facultad de los ciudadanos de presentar solicitudes ante las autoridades, ya sean judiciales, administrativas o parlamentarias. Peticiones que pueden ser verbales o escritas y que puede realizar toda persona ya sea nacional o extranjera, física o jurídica, menor o mayor de edad.

Peticiones con la finalidad de manifestar algo, consultar o solicitar información o recurrir ante una actuación injusta o arbitraria. En este sentido una queja no es más que una petición que pone en conocimiento y solicita la modificación de una conducta irregular con la finalidad de ser restituido en un derecho. Peticiones y quejas que pueden dirigirse a cualquier órgano o institución y cuya naturaleza es dual, susceptible de ser utilizada tanto para satisfacer intereses particulares como necesidades generales, en definitiva, un derecho de participación política. Generalmente la petición tiene connotaciones graciables y la queja de exigencia, pero no siempre es así.

Pues bien, pedir o quejarse es un derecho que se recoge, con mayor o menor amplitud, en prácticamente todos los ordenamientos. La fortaleza de un Estado se mide precisamente por su capacidad para destapar los conflictos y resolverlos eficaz y justamente. Sólo una sociedad débil oculta sus problemas, porque no puede o sabe resolverlos.

Es una experiencia comprobada que allí donde hay Administración hay abusos, irregularidades, ineficacia y, por tanto, quejas de los ciudadanos. Que los ciudadanos estén disconformes con muchos aspectos de la Administración en la que viven demuestra que es una sociedad abierta. Allí donde hay instrumentos y talantes para resolver estas quejas hay una Administración, y si se utilizan es señal de que los ciudadanos confían y participan. Es decir, un derecho vale lo que valen jurídicamente los instrumentos para defenderlo.

Esta intervención en los más diversos campos, hace que el ciudadano se vea obligado a abrirse paso cada día ante un bosque no sólo de leyes, sino también de disposiciones nacionales y cada vez más internacionales, complejas y en algunos casos alejadas del fin que la justificó. Cada vez más en nuestras sociedades se elevan nuevas barreras y se abren fosos entre tales quejas y la realización efectiva de las mismas, entre las proclamaciones formales y la vigencia efectiva de los derechos, resultando agobiante esta relación continua de los ciudadanos con la administración, porque cada vez más, estas relaciones están sustentadas sobre una estructura compleja, dispersa e indeterminada, que con excesiva frecuencia ignora en sus actuaciones lo que es la coordinación y cuyas decisiones llegan al ciudadano por las vías más variadas, en un lenguaje no fácilmente comprensible y casi siempre con un carácter imperativo difícilmente discutible para quien no sea un especialista en leyes o no tenga los medios económicos para conseguirlo.

Es evidente que la sociedad de nuestros días ha avanzado mucho con respecto a otras pasadas. Todos sin distinción somos titulares formales de estos derechos. Pero aún la relación administración-ciudadano no puede decirse que esté presidida por el principio de igualdad, de claridad, proximidad y eficacia sino por el principio de subordinación, subordinación a otros intereses no siempre justificables, o unos intereses totales, que no persuaden y a menudo defraudan porque las grandes palabras están perdiendo peso y todo ello nos sitúa, en no pocas ocasiones, en un terreno de notoria inferioridad para incluso hacer valer o utilizar los instrumentos de defensa que el Estado de Derecho pone a nuestra disposición.

Reconozcamos también que en muchas ocasiones los modernos Estados están más preocupados por las grandes decisiones políticas que de prestar atención directa a los problemas de sus gentes, que son problemas individuales aunque a veces sean generales. Que muchos administradores están más preocupados de dar un mal paso ante los ojos de una cámara de TV que de cometer cien errores de razonamiento o dejar de solucionar cien problemas de ciudadanos concretos.

Pero, además, esta distancia entre lo formal y lo real puede agravarse al encontrarnos ante un orden o desorden en donde impera la incertidumbre, el desconcierto y la desinformación. Sin Oriente que nos oriente. Orden que ha resuelto unos conflictos, pero que no ha encontrado el bálsamo milagroso que evite los nuevos. Cada vez se admite menos que el Estado actúe y quiera por nosotros, cada vez hay menos personas que toleren que alguien pagado por ellos mismos le diga qué tienen que hacer o decir y tarde o temprano se rebelan frente a todos aquellos que los quieren hacer felices a toda costa.

Estas realidades exigen urgentemente nuevas legalidades renovando incluso la idea que tenemos del Derecho, que cada vez tendrá un carácter más internacional y lo que es más importante y difícil, nuevos comportamientos porque el funcionamiento tradicional del Estado y su administración (que no es ideal pero sí necesario) ya sólo sirve para decirnos lo que es evidente y la política tiene sentido si inventa nuevas perspectivas. Por eso adquieren más relevancia las ONG's, organizaciones sociales que suplen la falta de participación y demuestran diariamente el foso mental y real en el que estamos cayendo.

¿Cuál es entonces la tarea esencial que este progreso y estas circunstancias de cambios vertiginosos exigen al Defensor del Pueblo? Pues sencillamente la de contribuir a adaptar las leyes, talantes y comportamientos para que aumente la claridad y la cercanía, para que no se profundice más la fractura entre poder y sociedad y para eso es necesario abrir las leyes, las administraciones, los partidos e instituciones, es necesario que entre aire fresco y respirar.

Es cierto que en todas nuestras sociedades, y en mayor medida cuanto más desarrolladas, se articulan instituciones de control y de garantías para que el ciudadano pueda ser escuchado y resolver el motivo de su queja. Desde la fiscalización de la actividad política y administrativa o la revisión de los actos y resoluciones mediante los recursos, bien sean ordinarios ante la propia administración o a través de los tribunales de justicia, se intenta que estas quejas tengan un cauce para su tratamiento y solución.

Ahora bien, la pregunta que nos hacemos es si en esta complejísima sociedad y ante las transformaciones que vivimos son suficientes estas vías o estos instrumentos, para garantizar eficazmente al ciudadano la posibilidad de obtener una restitución en el derecho lesionado o en la aspiración solicitada. Es decir, si los instrumentos de garantía que hoy se reconocen y son, por otra parte, imprescindibles, son suficientes para acercar al ciudadano a la administración, o para mejorar la sociedad democrática en la que vivimos.

El resultado práctico, pueden constatarlo, es que muchos actos y resoluciones administrativas irregulares o actuaciones ilícitas entre particulares, quedan impunes porque sus afectados, por ignorancia o cautela, se abstienen de quejarse ante las administraciones para no sumergirse en la compleja vía de recursos que en muchos casos desconocen y temen.

También la justicia como última instancia para la resolución de los conflictos y quejas en este momento histórico de vertiginoso cambio se está quedando anticuada para poder asumir la velocidad de los acontecimientos. Hay que adaptar la justicia para que se preocupe más por aquellos que quieren saber que por los que saben, simplificando la toma de decisiones, evitando la complejidad burocrática, ampliando la oralidad en toda clase de procedimientos, porque la justicia para serlo debe ser ágil y los juicios realmente rápidos. Es necesario superar el mecanicismo cerrado y rígido en la vida del Derecho que necesitamos, que es variado, complejo y contradictorio y que no puede estar predeterminado en todos sus extremos, con un margen de libertad en su aplicación, una posibilidad de opción entre sus diferentes sentidos cada vez mayor.

No existe la actuación administrativa o interpretación jurídica privilegiada y válida para siempre. Sólo la tiranía se alimenta de la idea de que el juez o el administrador no tienen elección porque todo concepto (el Derecho es un conjunto de conceptos) es una invención a la que nada corresponde exactamente, pero a la que muchas cosas se parecen. El juez, por ejemplo, debe tener el poder y él deber de mostrarnos el fondo, aplicar la ley y ejecutar la pena, con igualdad e independencia. No hay nada neutral en este mundo y las sentencias están hechas también con el cuerpo y la memoria. No creo que sea conveniente resucitar el viejo afán de sujetar a los tribunales señalándoles todos los pasos que deben recorrer en sus actuaciones o reglamentando la forma en que deben aplicar sus conocimientos. La justicia suele ser independiente e íntegra, pero también hermética y lenta.

Pues bien, estas deficiencias por desfase que tienen el funcionamiento administrativo y judicial principales instancias para la resolución de las quejas de los ciudadanos, ya sean por medio de una petición, recurso o denuncia (problemas de lentitud, de aplicación mecánica de las normas, sobrecarga de asuntos, procedimientos costosos y lentos, cuando no-dejadez, incompetencia o cabezonería) siempre terminan perjudicando al ciudadano que está amparado formalmente por leyes, disposiciones y garantías pero realmente en muchas ocasiones se encuentra impotente para hacer frente a un funcionamiento mecánico y anticuado del poder al que le irrita que le contradigan.

Por esto resulta necesario, en este clima de vertiginoso cambio, reconocer nuevas instituciones que sin sustituir a las tradicionales las complementen y perfeccionen en el camino que justifica a todo Estado de Derecho, cual es la realización efectiva de los Derechos Humanos, suponiendo que exista algún derecho que no lo sea. Derechos que no han caído del cielo, ni se han dado todos de una vez, porque son fruto de conquistas parciales logradas siempre cuesta arriba, frente a la pendiente y es posible que esta sea la razón de la popularidad de la figura del *ombudsman*, que tiene como veremos un origen antiguo en Europa, pero que actualizada recorre el mundo.

Estamos hablando de una institución que sin sustituir ni colisionar, ni mucho menos suplantar a las instituciones democráticas, tradicionales, sin pertenecer ni asumir competencias de los tres clásicos poderes del Estado, intenta defender y acercar a los ciudadanos al funcionamiento del sistema de una forma más rápida y efectiva a tenor de las características de flexibilidad, informalidad, inmediatez, agilidad que le caracterizan.

El Defensor del Pueblo no puede juzgar, ni legislar, ni gobernar y ejecutar; su función consiste en denunciar cualquier actuación de los poderes del Estado contrarias a los derechos fundamentales y libertades públicas y para ello dispone de una serie de atribuciones, entre ellas, puede recurrir al Tribunal Constitucional y puede formular recomendaciones, sugerencias, advertencias y recordatorios legales a las Administraciones Públicas y denunciar los comportamientos irregulares de estas ante el superior jerárquico, ante las Cortes Generales incluso atendiendo a la naturaleza y categoría del problema, ante la opinión pública, intentando a su vez colaborar con todos para lograr el mejor funcionamiento del Estado de Derecho.

Así, el *ombudsman*, controla las anomalías y las actuaciones irregulares o con efectos perniciosos del Poder ejecutivo, disponiendo para ello de amplios poderes de acceso e investigación de cualquier actuación o resolución administrativa, desde los ministros al más escondido funcionario de cualquier administración pública, local, autonómica, central o institucional y también lo que la Ley Orgánica denomina «agentes», empresas públicas o aquellas empresas privadas que sean objeto de concesiones de un cierto servicio público. Puede realizar recomendaciones o sugerencias, para que se modifiquen las conductas lesivas a los derechos o se mejoren sus efectos.

También controla al Poder legislativo del que es Comisionado, al tener la posibilidad de presentar recurso de inconstitucionalidad por violación de los derechos fundamentales contra las leyes, disposiciones o actos con fuerza de ley del Estado, las comunidades autónomas, tratados internacionales etc. y recurso de amparo ante los actos sin valor de ley de los mismos poderes. Finalmente, el Defensor también controla el correcto funcionamiento del poder judicial a través del Fiscal General del Estado y el Consejo General del Poder Judicial, dirigiéndose a estos para que se adopten las medidas necesarias y mejorar así su funcionamiento; y de todo ello debe dar cuenta anualmente a las Cortes Generales mediante un informe y las correspondientes comparecencias ante la Comisión mixta o la Comisión que corresponda por el objeto informado.

Como pueden ver, con estas potencialidades, el Defensor del Pueblo no es como maliciosamente se dice, un adorno. Sus atribuciones son importantes y sobre todo adecuadas para servir de garantía a esta sociedad que avanza a la velocidad de la luz. Es una garantía técnico-jurídica y como tal actúa, no es un organo benéfico, realiza un control jurídico, sus actuaciones están fundamentadas en la aplicación e interpretación del Derecho, se explican y fundamentan en razones jurídicas. El *ombudsman* tiene facultades y aptitudes para desarrollar esta labor de adecuación, de adaptación del Derecho a los tiempos, porque antes que nada las normas son realidades humanas, productos sociales que existen para ser aplicados en una sociedad, con consecuencias también de carácter real y para su correcta elaboración y aplicación es necesario conocer y tener en cuenta la sociedad a la que van a ser aplicadas y las consecuencias que se producen con su realización.

El Defensor está sometido a la ley y debe fundamentar todas sus actuaciones en razones jurídicas, pero ley que hay que interpretar a todos los niveles. Uno formal, gramatical y relativo a su validez, porque la norma es válida si está en vigor, de conformidad con el sistema normativo del que forma parte, pero otro concerniente a su eficacia, es decir, si se realizan con su aplicación los fines constitucionales y reales que se persiguen; y finalmente un tercer nivel que plantea el problema de su legitimidad y más radical justificación o adecuación a los valores y principios constitucionales, y quien mejor que el Defensor, para conocer atraves de sus investigaciones y quejas, los efectos, consecuencias y grado de aceptación y cumplimiento real de los fines y objetivos de las normas.

Por eso el Defensor del Pueblo contribuye con su actividad a controlar que las leyes no se apliquen desde una concepción reduccionista, prescindiendo por completo del problema de la justicia y de la eficacia, reduciendo el campo del Derecho a la gramática jurídica. También se preocupa de que éstas no recuperen un superado normativismo que, como el platonismo, considera la norma como una idea perfecta y al margen de cualquier condicionamiento social (Kelsen) o ideológico (Hobbes), e intenta también que la ley no siga aquellas concepciones válidas en otros sistemas jurídicos que reducen validez a eficacia, afirmando que el Derecho auténtico no es el enunciado en la Constitución y la ley, sino aquel que efectivamente se aplica, o aquellas teorías que identifican validez a justicia, una norma es valida, dicen, solamente si es justa.

Hoy en día parece admitido que cualquier posición reduccioncita del derecho dificulta la realización efectiva de sus efectos y valores, por tanto, hay que interpretar y aplicar la ley de la mejor forma para la realización de sus objetivos y finalidades y en esta actividad de conexión entre el Derecho y la realidad y entre la ley y los fines, el Defensor del Pueblo, mediante sus recomendaciones, sugerencias y recursos puede prestar unos servicios importantes, porque se ampara en la idea de ciudadanía y sus decisiones no se realizan en este lenguaje oficial que resulta siempre artificial, complejo, oscuro y pretencioso que suele esconder mercancías de poco valor. El Defensor puede, si quiere, superar el espíritu de pesadez y la falta de imaginación que caracteriza al mundo del Derecho. No resulta suficiente que las actuaciones de los poderes públicos sean permitidas por la ley, es necesario también que sean justas y efectivas para la realización de los valores, principios y derechos constitucionales.

No obstante los informes del Defensor y en mayor medida el anual obligatorio no es como a veces se dice una «radiografía del Estado», sino la radiografía de las quejas que recibe. Es un elemento indicativo de la situación general del país, pero siempre parcial, porque hay sectores sociales o zonas que tienen una gran predisposición a poner sus problemas en conocimiento del Defensor del Pueblo y otros sectores que no.

No obstante su misión no sólo tiene estos objetivos generales. Con este sentido de la proximidad, al Defensor del Pueblo puede acudir cualquier persona, menor o mayor de edad, nacional o extranjera, en situación regular o irregular, constituyéndose en la mejor institución para no sólo defender sino analizar y conocer las nuevas realidades de la circulación de las personas, de la desaparición de las fronteras, de la modificación de los elementos esenciales del Estado. En este sentido es o debe ser una institución abierta, cercana, fácil, gratuita, sin formalismos ni actitudes que profundicen el foso en el que se dividen nuestras sociedades. De esta forma, con sus *autoritas*, contribuye a solucionar una serie de problemas, grandes para la persona a la que afectan, pero pequeños para el Estado, para la sociedad en su conjunto, porque generalmente son individuales o de pequeños e indefensos grupos. El DP debe ser más humilde, interviene fundamentalmente ante los pequeños e individuales problemas de los que nadie se ocupa o esos problemas que el funcionamiento mecánico del poder hace que pasen desapercibidos y tengan una difícil solución. El Defensor del Pueblo debe poner el acento y ocuparse preferentemente y normalmente de estos miles de personas que no saben o no se atreven a subir solas las escaleras del poder para exigir sus derechos o denunciar las lesiones arbitrarias a sus legítimos intereses. La mayor ventaja de un *ombudsman* no es solamente lo que puede hacer, sino el cómo lo hace a tenor de sus características de proximidad, gratuidad, rapidez, flexibilidad e informalidad.

Ahora bien, para cumplir con estas importantes y revaluadas funciones, como garantía de los derechos fundamentales y control de los poderes, el

Defensor del Pueblo debe rodearse de una serie de requisitos y garantías. El primero de estos principios es su independencia frente a todos; independencia política frente a los poderes del Estado por el modo de elección, con mayorías cualificada de las dos Cámaras legislativas que fuerzan al consenso de los grupos políticos; económica al elaborar y gestionar su propio presupuesto y que se tramitan directamente a las Cortes; y jurídica al disponer de autonomía para regular su régimen interior de acuerdo con lo dispuesto en la Ley Orgánica. En definitiva, las características esenciales que debe reunir esta institución son la legitimidad, accesibilidad, flexibilidad y credibilidad.[5]

También el Defensor, ante los cambios que nos envuelven, es necesario que evolucione y se adecue a estas nuevas circunstancias, desarrollando el Derecho de acuerdo con las nuevas situaciones, estimulando por ejemplo procedimientos que permitan resolver conflictos (quejas, peticiones, recursos) de forma ágil, fomentando el acuerdo y, por tanto, el acercamiento y respetando siempre la forma de vida que cada uno elija libremente.

Procedimientos como la «terminación convencional» que debe aplicarse con todas las precauciones para no lesionar el principio de igualdad y no provocar la tan temida arbitrariedad en el funcionamiento de las administraciones públicas, ni fomentar soluciones de privilegio para algunos, pero procedimiento que suele, junto a otros, resultar útil para superar la complejidad y la aplicación dogmática e impersonal de las normas actuales, necesario para acelerar y simplificar los cauces de resolución de algunos conflictos y útil para que la administración sea más dialogante, más abierta, menos distante, en definitiva más flexible y cercana en sus formas, perfeccionando los principios de eficacia y participación que son la base del derecho moderno, participación que consiste en experimentar el poder para construir la propia vida en libertad.

[5] José Luis Cascajo Castro, «Los Defensores del Pueblo en el Estado Social y democrático de Derecho, una perspectiva teórica», *RVAP*, nº 24, 1989.

Lo que se denomina «terminación convencional» supone la posibilidad de que en determinadas áreas de la actividad administrativa, de la jurisdicción civil o mercantil o incluso social, en los términos y con las condiciones que fijen las normas aplicables, la resolución de las quejas, conflictos o procedimientos tenga lugar mediante un acuerdo entre los administrados o entre éstos y la administración, en lugar de hacerlo de la forma tradicional mediante un acto unilateral del órgano competente[6].

Para impulsar estos nuevos procedimientos no sólo es necesario reconocerlos jurídicamente, es imprescindible también cambiar las formas, el talante y las actitudes de los servidores públicos. Se necesitan modificaciones legales, incluso adaptar la idea que tenemos de la justicia, pero también es necesario un cambio cultural para que la administración, sin renunciar a sus competencias, sea cada vez más dialogante, más abierta y participativa, más dúctil y flexible, más cercana y conocida. Así la conciliación y la mediación puede contribuir a implantar una nueva forma que, sin sustituir a las tradicionales, contribuya a solucionar quejas, peticiones y conflictos, superando la democracia condescendiente de las elites y la fractura social y mental entre el poder administrativo y la ciudadanía.[7]

La mediación y conciliación, sobre todo, puede resultar eficaz en conflictos de naturaleza compleja en los que están implicados y enfrentados una pluralidad de intereses sociales distintos y en los que el acuerdo puede ser una forma complementaria de solución que reduzca a su vez la tensión y confrontación y aumente la aceptación social de las medidas. Por ejemplo, para decidir la ubicación de instalaciones molestas, nocivas o insalubres (cementerio de residuos, depuradoras, vertederos, incineradoras), en las expropiacio-

[6] Sobre este aspecto de la actuación del Defensor del Pueblo, ver el comentario al Artículo 17.

[7] María José Corchete, Ob. Cit. Todo ello se trata más concretamente en los comentarios que siguen a esta introducción. Héctor Romero y Natalia Moraes, *La crisis de los refugiados y los deberes de Europa*, Catarata, 2016.

nes o establecimiento de lindes y servicios, pero también me estoy refiriendo a conflictos que surgen en todos los Estados y que van a surgir en mayor medida en el futuro, conflictos al aplicar medidas para la planificación, por ejemplo, económica o sanitaria, medidas de reestructuración o reconversión de sectores productivos, medidas que provocan efectos que pueden ser muy lesivos para las personas implicadas directamente, que sin duda pueden estar justificados por el interés público o por las necesidades económicas, pero que son unos determinados ciudadanos los que sufren realmente las consecuencias. En estos casos ¿por qué no establecer un diálogo? ¿Por qué no intentar mediante la negociación, mediante el acuerdo, que los efectos individuales de la medida sean los menos gravosos y compatibles con la finalidad de ésta?

Pues bien, para realizar esta labor de acercamiento, de diálogo, para facilitar la participación de los ciudadanos en la gestión y responsabilidad de los asuntos colectivos, verdadero reto de las sociedades futuras, es necesario que las partes se pongan de acuerdo y por lo tanto en muchos casos es conveniente que alguien facilite el acercamiento, el diálogo y el compromiso. Es necesario que alguien que tenga la confianza y el respeto intervenga mediando, evitando a los particulares y a la administración la economía de tiempo y dinero en la solución de muchos conflictos que mediante la razón, la lógica, la prudencia y, sobre todo, el sentido común, lograrían una solución rápida y satisfactoria, y todo ello sin menoscabo de las garantías jurisdiccionales que tanto administración como ciudadanos pueden utilizar libremente y en cualquier momento, puesto que la mediación no priva a las administraciones de sus potestades o poderes ni a los particulares de sus garantías, únicamente es una vía complementaria para la defensa de los derechos e intereses legítimos, evitando que se multipliquen los recursos, se alarguen los procesos y se colapsen las instituciones.

A esta función de acercamiento se suele denominar en términos generales «mediación», y en algunos casos es conveniente que un mediador (sin promover resoluciones ni laudos de obligado cumplimiento) intente acercar las posiciones y busca el acuerdo en determinados pleitos administrativos, disputas sociales o conflictos comerciales en el ámbito internacional, civil, administrativo, mercantil, etc., en cuestiones mayores y menores, peticiones, quejas o reclamaciones.

El mediador al que me estoy refiriendo es una persona que supera la aplicación mecánica de las normas y que mediante el diálogo, el razonamiento, la transacción y el compromiso colaboran para encontrar una solución del conflicto que sea correcta y buena para ambas partes y para el interés general. Procedimiento que junto a otros puede contribuir en alguna medida a descongestionar los tribunales, buscando acuerdos que no sean contrarios a la ley ni supongan siempre una cobertura que prime los intereses privados sobre los públicos.

Pues bien, una de las funciones (no la principal) que cumplen o debieran cumplir también los *ombudsman* es ésta, mediar para solucionar los conflictos antes de que éstos se instrumentalicen en recursos administrativos interminables o en decisiones jurisdiccionales que siempre son costosas. Una de las funciones que tiene esta Institución, es la de acercar al ciudadano al funcionamiento de la administración e intentar convencer y colaborar con ella a encontrar mejores soluciones para los cada vez más difíciles conflictos y todo ello no en virtud de su poder, sino de su autoridad.

La mediación no cuestiona que corresponde a la administración o jurisdicción la legitimidad para resolverlos, sólo intenta que antes o después se encuentre una solución mediante el acuerdo. Y es en la búsqueda de estos acuerdos donde cobra todo su sentido la institución del *ombudsman* o Defensor del Pueblo que no es más que una nueva garantía que permite mejorar los instrumentos de defensa del ciudadano y controlar a las administraciones en el ejercicio de sus competencias. Institución que no sustituye a ninguna de las tradicionales, que no puede anular las resoluciones administrativas o jurisdiccionales, pero que sí puede mediar, denunciar o colaborar con los poderes públicos para avanzar en la realización de nuestros derechos, porque sino avanzan desaparecen.

Esta naturaleza de la institución, flexible e indeterminada, permite una gran capacidad de adaptación incorporándose a los más variados sistemas jurídicos y estructuras y así la original institución del *ombudsman* se ha ido adaptando a los Estados, sean unitarios o federales, a los municipios y provincias, sean grandes o pequeños, a los sistemas de Common Law y al sistema europeo de derecho administrativo y control jurisdiccional especializado, contencioso-administrativo, a los Estados muy desarrollados y a los menos desarrollados, adaptando el contenido básico de la institución, el procedimiento de nombramiento del titular y el ámbito territorial de competencias que son los tres grandes elementos que caracterizan a esta clase de instituciones.

De todo ello tenemos ejemplos muy cercanos. En Latinoamérica la figura del *ombudsman* nacional se ha introducido en las constituciones de países tan cercanos como Guatemala, el Salvador, Honduras, Costa Rica, Colombia, Bolivia, Perú, Venezuela, Panamá, Nicaragua y Argentina… En cada uno de ellos con la forma que determinan sus peculiaridades, adaptándose a las tradiciones, a la historia y necesidades con diferentes denominaciones (Procuraduría de Derechos Humanos, Defensoría de los Habitantes o Defensor del Pueblo). En definitiva, todos diferentes porque todos somos hijos nuestra memoria y el olvido es el desierto, pero todos a su vez con una naturaleza común que nos diferencia de los demás.

En este sentido, en el mes de agosto de 1995 tuve una de las experiencias más gratificante de los diez años que trabaje como Adjunto y Defensor en funciones. En Cartagena de Indias, un grupo de defensores y amigos fundamos la Federación Iberoamericana del *ombudsman* (FIO), con la idea de intercambiar experiencias y coordinar actuaciones, pero también para fortalecernos al sentir que formamos parte de un grupo de instituciones con la misma función, abordando así los problemas que uno solo no puede afrontar eficazmente y obteniendo un peso y repercusión en los foros internacionales, que benéfica a todos.

La Federación Iberoamericana de Defensores del Pueblo, Procuradores, Comisionados y Presidentes de Comisiones Públicas de Derechos Humanos, y Proveedores de Justicia, la fundamos en Cartagena de Indias en el verano de 1995, culminando así un proceso, largo y complejo, de discusión entre los Defensores, sobre la conveniencia de superar las divisiones que existían entre dos asociaciones de carácter privado que representaban a los *ombudsman* de la región.

Esta nueva organización se empezó a concretar en una reunión convocada y organizada por el Instituto Interamericano de Derechos Humanos en Costa Rica en junio de 1994. En la declaración de San José, con la que concluyó la reunión, se eligió una Comisión formada por, Jaime Córdoba, Defensor del Pueblo de Colombia, Rodrigo Alberto Carazo, Defensor de los Habitantes de Costa Rica, Jorge Madrazo, Presidente de la Comisión de Derechos Humanos de México, Jaime Ordóñez por el Instituto Interamericano de Derechos Humanos y yo mismo en representación del *ombudsman* español, con la misión de elaborar una propuesta para crear un organismo público de coordinación de los Defensores Iberoamericanos. Discutimos y concretamos las ideas en una posterior reunión de la Comisión en Madrid, en diciembre de 1994 y más tarde en Antigua Guatemala, en abril de 1995.

Finalmente, en agosto de 1995, en Cartagena de Indias, representantes de las oficinas iberoamericanas aprobamos los estatutos que propuso la citada Comisión. Decidimos que fuera una federación, en la cual podrían formar parte los defensores nacionales, regionales y posteriormente se estableció un procedimiento para que pudiera participar una representación de aquellos defensores municipales que reunieran las características esenciales del *ombudsman*. Los miembros fundadores de la federación fueron los siguientes y los cito en reconocimiento al trabajo bien hecho: Rodrigo Alberto Carazo, Defensor de los Habitantes de Costa Rica, Jaime Córdoba Treviño, Defensor del Pueblo de Colombia, Leo Valladares Lanza, Comisionado de los Derechos Humanos de Honduras, Jorge Madrazo, Presidente de la Comisión de Derechos Humanos de México, Victoria María Velásquez, Procuradora de los Derechos Humanos del Salvador, Jorge Luis Maiorano, Defensor del Pueblo de la Nación de Argentina, Jorge Mario García Laguardia, Procurador de los Derechos Humanos de Guatemala, Adolfo de Castro, *ombudsman* de Puerto Rico, Jorge Luis Cermesoni, Adjunto al Defensor del Pueblo de la Nación Argentina, Jaime Ordóñez, en representación del IIDH, Antonio Rovira Viñas, Adjunto al Defensor del Pueblo de España.

Su creación respondió a la necesidad de fomentar las relaciones de cooperación entre los *ombudsman* iberoamericanos y en los estatutos señalamos como objetivo primordiales los siguientes:

- Estrechar los lazos de cooperación entre los *ombudsman* de iberoamérica.
- Apoyar la gestión de los miembros de la Federación.
- Fomentar, ampliar y fortalecer la cultura de los derechos humanos.
- Establecer y mantener relaciones de colaboración con las instituciones y organismos internacionales, intergubernamentales, que persigan el respeto, defensa y promoción de los derechos humanos.
- Denunciar ante la opinión pública internacional las violaciones de los derechos humanos.
- Apoyar la promoción del *ombudsman* en los países de la región.

- Realizar programas conjuntos de trabajo tendentes al fortalecimiento y modernización de las instituciones miembros de la federación.
- Promover estudios e investigaciones sobre aspectos de su competencia, con la finalidad de apoyar el fortalecimiento del Estado de derecho, el régimen democrático y la convivencia pacífica de los pueblos.
- Las demás que apruebe la Asamblea.

Se pensó también, creo que acertadamente, que no convenía que existieran cuotas ni por lo tanto un tesorero u órgano que gestionase los recursos económicos, porque al ser un organismo que agrupa a instituciones públicas de garantía, no son necesarios recursos ajenos para asegurar el funcionamiento de la Federación que los agrupa. Por otra parte, la experiencia nos dice que en los organismos que se gestionan mediante cuotas y tesorerías, como ocurrió inicialmente con el IOI, siempre surgen problemas en su control y gestión.

En este caso, el funcionamiento y el coste de la secretaría de la Federación corresponden al *ombudsman* nacional que tenga la presidencia y por el tiempo que dura su mandato, aprobándose que la secretaría técnica de la Federación le correspondía al Instituto Interamericano de Derechos Humanos. Se consideró conveniente contar con la participación en la Federación de tan destacado Instituto y también como reconocimiento al apoyo prestado en todo el proceso de creación de la Federación.

En los estatutos se dio una posición dominante a los *ombudsman* nacionales. Todos ellos son miembros de pleno derecho de la Federación y de su Comité Directivo; el presidente y dos de sus vicepresidentes deben ser también defensores nacionales y la Asamblea no puede tomar acuerdos si no cuentan con el voto favorable de la mayoría de los defensores nacionales. Esta posición destacada de los defensores generales se dio para garantizar la independencia del organismo, teniendo en cuenta la cantidad y variedad de procedimientos y legitimidad que caracterizan a los *ombudsman* regionales y municipales.

Se decidió también la celebración de una reunión anual y la elección de un nuevo Comité Directivo cada dos años. Precisamente han sido en estas reuniones anuales en donde los *ombudsman* han denunciado lesiones de los derechos fundamentales o actuaciones por parte de las administraciones que afectan o limitan la autonomía o independencia del *ombudsman*, superando así el principio de no intervención y aumentando la efectividad de las denuncias de cada uno al hacerlas conjuntamente en un organismo internacional con la proyección que ya tiene la Federación. Además, estas actuaciones de los *ombudsman* se ponen en conocimiento de los organismos internacionales como la ONU, UNESCO, Consejo interamericano, etc., con los que la Federación colabora asiduamente mediante programas y que consideran a la Federación como un instrumento muy efectivo para conocer las violaciones de los derechos humanos y para la consolidación de la democracia en los países latinoamericanos.

Aunque pueden buscarse antecedentes más antiguos, incluso remotos, de figuras con alguna semejanza, el primer *ombudsman* con las categorías que lo definen de independencia y efectividad se reconoció en Guatemala en 1985 y su papel en los procesos de democratización ha sido fundamental. Después se reconoció en Colombia en 1992, Costa Rica, 1993, El Salvador, 1994, Honduras, 1995, México, 1992, Argentina, 1994, Perú, 1996, Bolivia, 1994, Puerto Rico, 1997, Panamá, 1996, Nicaragua, 1995, Ecuador, 1997, Paraguay, 1992, Venezuela, 2000 y Haití, sin tener en cuenta la enorme proliferación de defensores provinciales, municipales, incluso sectoriales. En la mayoría de estos países participé junto a otros representantes de las instituciones iberoamericanas en la discusión y elaboración de las leyes reguladoras y reformas constitucionales de aquellos *ombudsman* que, además, han jugado y están jugando, un novedoso y decisivo papel en los procesos democráticos, contribuyendo a fortalecer los mecanismos de representación y comunicación entre los gobiernos y la sociedad civil y en la consolidación de las democracias.

El Instituto Internacional del Ombudsman (IOI), creado en 1978, es una entidad de ámbito mundial, también sin fines de lucro, que reúne a los *ombudsman* del sector público, agrupándolos en seis regiones: África, América del Norte, Asia, Australia y el Pacífico, Europa y Latinoamérica y el Caribe. Su sede se encuentra en la Facultad de Derecho de la Universidad de Alberta, que le da apoyo de índole administrativa y espacio para desarrollar su biblioteca, aunque este funcionamiento no ha estado exento de problemas de coordinación.

De todas formas, este órgano de coordinación internacional se parece poco a la Federación, sobre todo por falta de una mínima homogeneidad entre sus componentes, desde *ombudsman* nacionales con todas las legitimidades, a oficinas de reclamaciones o defensores sin legitimidad ninguna. Puede formar parte cualquier persona que trabaje en alguna oficina de un *ombudsman*, y con los más variados estatus, miembros de pleno derecho, asociados honorarios vitalicios, miembros individuales. En la actualidad esta integrado por 132 votantes, 14 asociados, 7 vitalicios, 23 individuales y trece dedicados a la biblioteca.

Su función es la de coordinación de un congreso mundial una vez cada cuatro años y reuniones anuales de cada una de las regiones. Mayor efectividad tiene las reuniones de alguna de las regiones como la europea, en donde se plantean problemas y sugieren soluciones.

Existen otros organismos internacionales de coordinación de los *ombudsman* de carácter internacional, como el Consejo Centroamericano de Procuradores, que agrupa a los defensores de la región centroamericana, desde Panamá a Guatemala, y que ha desarrollado una labor importantísima de apoyo incluso protección a las oficinas y titulares con problemas graves, de amenazas y coacciones. El entonces presidente de la Federación y del Consejo, Leo Valladares, en más de una ocasión tuvo la amabilidad de invitarme a sus reuniones y participar en las discusiones de sus problemas y les puedo asegurar que el coraje demostrado por estos para superar situaciones, incluso con riesgo personal, con una falta casi absoluta de medios, era realmente encomiable y admirable.

El Instituto Europeo del Ombudsman se trata en realidad de una asociación privada en la que participan algunos *ombudsman*, sobre todo regionales, junto a profesores, estudiosos o particulares interesados, y cuya composición y trabajo no se corresponden con su nombre. Realmente, lo único a destacar es que actualmente el presidente es Antón Cañellas, Sindic de Greuges de Cataluña, que con su autoridad, experiencia y acierto está intentando que evolucione, se democratice y modifique su naturaleza privada, aunque encuentra muchas dificultades.

Cuando hablamos de orígenes, tenemos que detenernos en Suecia, donde surge la figura moderna del *ombudsman* y donde se perfecciona en sus rasgos más esenciales. A este repecto, no es oportuno remontarse a otros antecedentes históricos más cercanos geográficamente, como los del Justicia de Aragón o del Sindic de Greuges, pero más alejados en cuanto a su naturaleza y cometido histórico se refiere.

La palabra sueca *ombudsman* se refiere a una persona que actúa como vocero o representante, o cuya tarea es cuidar los intereses de otra, es decir, aquella que recibe e investiga las quejas de los ciudadanos contra los actos injustos del gobierno. El *ombudsman* debe ser una persona que se ocupa de las quejas del público y que dispone de capacidad bastante para investigar y denunciar las actuaciones lesivas, aunque no el poder para revocarlas.

El primer antecedente moderno de una institución así se encuentra en 1713 en Suecia en la figura denominada Procurador Supremo, el cual ejercía una vigilancia general para asegurar el cumplimiento de las leyes y reglamentos, y la actividad de los servidores públicos. Durante la conocida como Era de Libertad, que siguió a la muerte del Rey Carlos en 1718, todo el poder político fue asumido por el Parlamento sueco, *RiKsdag*, y el Canciller de Justicia del rey pasa a ser considerado un comisionado o representante del parlamento, que lo elige por primera vez en 1766. No obstante, en 1809, poco después de ser destronado, se aprobó una nueva constitución basada en un equilibrio de poderes entre el Rey y el RiKsgad y que regulaba de una forma bastante minuciosa los requisitos prerrogativas y funciones del Justitieombudsman (JO).

Este debía ser una persona capaz, imparcial, versada en derecho y con experiencia como juez, que disponía de amplias facultades de intervención sobre la administración real y de justicia. Era elegido por el Riksdag indirectamente, a través de una comisión constituida al efecto, comisión cuya composición era cuidadosamente estudiada para evitar interferencias de los partidos y ante la que debía presentar anualmente el informe de su actividad fiscalizadora. Era un cargo incompatible con cualquier otro puesto, y el control de su actividad lo realizaba fundamentalmente la Comisión del Parlamento. Su cometido era denunciar judicialmente a los funcionarios que no cumplían con sus obligaciones, un control de legalidad del que quedaban excluidos los ministros.

En cuanto al ámbito de competencias, el JO controla al Ministerio Fiscal, los magistrados de jurisdicciones inferiores, la Administración de justicia, siendo más limitado el control que puede realizar respecto al Tribunal Supremo y al Tribunal administrativo supremo, a los que controla excepcionalmente y sólo cuando de forma manifiesta se dicte una sentencia injusta o contraria a las leyes y la evidencia de los hechos. De forma muy singular, el JO extiende su actividad de control a la supervisión de las actividades de la iglesia luterana oficial del Estado, al considerarla como un servicio público más.

No obstante, desde que el primer *ombudsman* fue elegido en 1810, la figura Sueca ha evolucionado mucho, acusando una cierta decadencia. La organización y los métodos de trabajo han sido reformados profundamente debido al desarrollo de la Administración y los cambios en la sociedad. El más notable que ha experimentado ha sido el incremento gradual del número de titulares, debido fundamentalmente a que el Riksgad, erróneamente, quiso que fuera una persona elegida directamente por el parlamento la que se responsabilizase de cada uno de los casos y decisiones que tomara la institución. El aumento del número de *ombudsman* se justificó por el aumento del número de quejas, como consecuencia del crecimiento de la Administración pública y también por la incorporación en 1957 del control de la Administración local al ámbito competencial del Defensor.

En 1915 aparece un Militieombudsman, que tendría como misión principal el control de la Administración militar y la tramitación de todas las quejas de soldados y oficiales, dualidad que dura hasta 1967, en que se divide la actividad del *ombudsman* en tres campos de actuación diferentes y cada uno de los cuales es fiscalizado por un titular distinto. Es decir, una institución única pero compartida por tres *ombudsman*, cada una de las cuales ostenta el título Justitieombudsman. Uno se encarga de las quejas de la Administración de justicia, el ejército y la policía; el segundo atiende a los asuntos sociales, medios de comunicación y educación, y al tercero le corresponde conocer de las quejas que no atienden los otros dos.

Finalmente, desde la Constitución Sueca de 1975 actúan conjuntamente cuatro *ombudsman*, que ejercen sus funciones coordinadamente en una única institución, distribuyéndose las competencias por razón de la materia. Posiblemente esta pluralidad de titulares ha afectado a la claridad, proximidad y conocimiento popular de la institución. El aumento de las quejas y de los ámbitos de control, sin duda, justifican un aumento de los medios y del tamaño de la oficina, pero no necesariamente del número de titulares. Posiblemente sea esta pluralidad la que ha afectado a su imagen e influencia como modelo y referente en el mundo. Además, en Suecia actúan otros *ombudsman* que cumplen también funciones de protección a la ciudadanía, como el *ombudsman* de los consumidores, de la libertad económica o de la prensa. La confusión resulta, por tanto, inevitable.

El proceso inverso a esta cierta disolución de la imagen del *ombudsman* sueco se produce en Finlandia. Allí la consolidación del *ombudsman* fue muy difícil, con periodos de incertidumbre acerca de su papel, con escaso ámbito de competencias y varias propuestas para su desaparición. No obstante ha ido adquiriendo una fuerza que posiblemente hoy en día no tiene ningún otro *ombudsman* nórdico, disfrutando de un gran apoyo y reconocimiento social.

Finlandia no ha conocido un *ombudsman* hasta 1919, funcionando anteriormente un Oikeuslansler inspirado en los modelos suecos del siglo XVIII. La importancia y la fuerza las adquirió durante el periodo de dominación rusa y se cimentó en los enfrentamientos con aquella Administración, actuando como un defensor y aumentando su popularidad a pesar de que su legitimación no era democrática.

En 1919, con la desaparición de la dominación rusa se institucionaliza un *ombudsman* que desempeñará sus funciones de forma paralela con el anterior. En principio, lo designó el Riksdag, ante el que respondía y tenía que elevar sus informes, reconociéndole la Constitución las mismas competencias que tenía el Oikeuslansler, dándose un claro conflicto que debilitaba a ambas instituciones. En 1933 se procedió a una reforma para coordinar su trabajo, permitiendo que gran parte de las quejas fueran remitidas al *ombudsman*, con lo que éste aumentó su importancia, configurándose el primero como un organo asesor del gobierno. El ámbito de competencia del *ombudsman* queda así clarificado, abarcando toda la Administración central en sus diversas manifestaciones, local, iglesia luterana, tribunales de justicia y fuerzas armadas, heredando y posiblemente incrementando la popularidad y la influencia que tenía el anterior.

Noruega fue el país que tras Suecia y Finlandia consideró la conveniencia de complementar los instrumentos de garantía, que por ello lo son de control de la administración. Así, en 1952, tres años antes que en Dinamarca, el *Storting* (Parlamento noruego) aprobó una ley que instituyó al *ombudsman* militar, en 1962 un *ombudsman* civil, y posteriormente un *ombudsman* del consumidor, muy en la línea de su predecesor Sueco. El *ombudsman* militar, que en realidad es un órgano colegiado, tiene como misión primordial contribuir a salvaguardar los derechos civiles del personal de las Fuerzas Armadas y, señala también la ley de creación, se esforzará en acrecentar su eficacia. El *Civil Ombudsman* no está recogido en la Constitución. Fue creado por una ley del parlamento, por lo que la dependencia del *Stortig* es grande. Por ejemplo, cuando el parlamento conoce de un asunto el *ombudsman* debe abstenerse de intervenir. Su ámbito de competencia se extiende a la administración central y local y es elegido por el Storting entre juristas de prestigio. Controla parcialmente a la iglesia quedando totalmente excluidos de su ámbito de control los tribunales. Tampoco en Noruega el acceso al *ombudsman* es abierto a todos como en Finlandia. El particular que acude al defensor debe acreditar un interés directo en el asunto, debe tener la naturaleza de afectado, dificultándose la denuncia y tramitación de quejas, de lo que se denomina intereses difusos.

La creación del *ombudsman* en Dinamarca tiene especial interés al no darse la tajante división sueca entre gobierno y Administración. Se reconoce en 1954 por el desmesurado crecimiento de la Administración y las consiguientes dificultades de control de su funcionamiento. De acuerdo con el artículo 55 de la Constitución, los *ombudsman* daneses deben ser designados por el Folketing (parlamento de Dinamarca) para vigilar que los ministros, funcionarios y toda persona al servicio el Estado no cometan errores o actúen ilícitamente. Puede actuar de oficio, informalmente y puede acudir cualquier persona, siendo una institución muy abierta. Se configura, como una institución de origen parlamentario cuya misión es el control de la Administración pública, aunque en este caso no realiza sólo un control de legalidad sino en cierta forma también de oportunidad, del ámbito de discrecionalidad administrativa, dando un salto cualitativo en su capacidad de intervención, lo que influyó en el modelo español o iberoamericano. Queda excluido de su actividad el control del poder judicial.

Entre los países de derecho consuetudinario, Nueva Zelanda fue el primero en tener un *ombudsman*, con tanto éxito que esta palabra sueca se ha convertido en parte del idioma de aquel país. Supone la primera experiencia de trasplantar una institución de origen sueco al sistema jurídico anglosajón. Como es natural, en un principio existió cierta discusión entre los partidarios del *ombudsman* y aquellos otros que consideraban más seguro crear un tribunal administrativo con competencia para conocer e intervenir en las quejas por la mala práctica administrativa, pero esta propuesta nunca obtuvo grandes apoyos. Sin embargo, resulta sorprendente el interés, incluso entusiasmo, por la institución escandinava que no resulta fácil describir adecuadamente en los términos ortodoxos de la práctica constitucional británica. Es un funcionario del parlamento que tiene responsabilidades que nunca antes se habían otorgado a un individuo.

Fue creado en 1962 mediante la ley del Comisionado Parlamentario. Es designado por el gobernador previa recomendación de la Cámara de representantes, sistema original pero imperfecto que condiciona la independencia y el trabajo de la institución. No tiene competencia directa sobre los ministros, ni posibilidades de modificar una decisión de la Administración; el acceso se restringe también a las personas que tienen un interés directo en la cuestión planteada. En definitiva, se trata de un comisionado con las facultades muy restringidas. Su ámbito competencial se reduce al control de los actos de cualquier administración pública; la posibilidad de acceso está condicionada por una serie de requisitos, exigiendo la existencia de un interés directo y personal del reclamante; y no dispone de poder sancionador propio como el que poseen, aunque de forma mínima, los *ombudsman* nórdicos.

En el Reino Unido tampoco triunfó nunca la idea de crear una jurisdicción especializada parecida a la francesa. Sin embargo, como en todos los Estados, el intervencionismo produjo un aumento de las tensiones para las que la acción de los tribunales resultaba insuficiente, lenta y gravosa, cuando no incapaz ante los nuevos problemas planteados por la sociedad industrial. Se crearon los llamados tribunales administrativos, que proliferaron rápida y desordenadamente, generando la necesidad de un órgano o institución que coordinase y controlase tan desorganizada actividad. Tras las lógicas discusiones, informes y propuestas, salió adelante la idea de crear un comisionado parlamentario que, sin sustituir el ámbito funcional de los poderes ni reemplazar las competencias y métodos que establece la Constitución británica, apoyase a los miembros del parlamento, reforzando así el ejercicio de sus competencias. El modelo inglés de *ombudsman*, fundamentalmente, es un instrumento al servicio de los miembros del Parlamento.

Su ámbito de actuación es el control de los actos de mala administración de los órganos centrales. El acceso de los ciudadanos se realiza a través de los parlamentarios y para aceptar la queja es necesario que la acción la inicie el propio interesado. Tiene también muy restringida la publicidad de sus actuaciones, no puede actuar de oficio ni inspeccionar de una forma periódica y sin que medie queja los departamentos administrativos. Por supuesto, no puede modificar los actos y resoluciones administrativas irregulares objeto de la queja.

El modelo Británico dc *ombudsman* incluye también los *Health Service Commissioners* de Gran Bretaña, Escocia y Gales. Funcionan como un complemento del comisionado parlamentario, al que los ciudadanos pueden acudir directamente denunciando la insuficiencia del servicio prestado por un organismo. Como ejemplo, la *Local Government Act*, de 8 de febrero de 1974, posibilita la designación de Comisarios locales que investiguen las quejas sobre mala administración de los entes locales de Gran Bretaña y país de Gales.

En Francia, ante las deficiencias en el funcionamiento de la Administración se propone y discute en un primer momento la conveniencia de instaurar un *ombudsman*. Sin éxito, en gran parte debido al desconocimiento de la figura y al conflicto que podría presentar su aparición en un sistema jurídico normativista rígido, con un poder muy concetrado y donde no es fácilmente concebible una institución con una autoridad en cierta forma indeterminada. El malestar social forzó al gobierno a proponer el proyecto de ley del *Mediateur*, sin prácticamente discusión y sin repercusión social, que se aprueba el 3 de enero de 1973.

El *Mediateur* es el modelo francés de *ombudsman*, que tiene una naturaleza muy diferente. Se trata de un delegado del parlamento que muy indirectamente supervisa algunas administraciones. Es designado por decreto del Consejo de Ministros, es una especie de intercesor graciable entre la administración y el ciudadano. Las quejas deben ser individuales y presentadas atraves de un diputado o senador, con posibilidades de investigación bastante modestas cuando no confusas. Se trata de una figura bastante desconocida para el gran público.

En definitiva, hoy día existen instituciones del *ombudsman* por todo el mundo que cuentan en general con un gran respaldo popular. Lo mencionado hasta ahora nos resulta suficiente para perfilar algunas de las características de esta institución y sobre todo para establecer las diferencias sustanciales entre los distintos modelos.

En primer lugar, los *ombudsman* surgen por la necesidad de impulsar instituciones de garantía frente al incremento de la intervención del poder administrativo. Inicialmente su creación es planteada por los partidos políticos en los programas electorales a tenor de su impacto social favorable. Sus primeros pasos provocan muchos recelos sobre todo en el ámbito judicial, por lo que, en algunas ocasiones, se intenta condicionar su existencia y funcionamiento, bien mediante la introducción de complicados y desnaturalizados sistemas de elección, o disminuyendo su efectividad al limitar su ámbito de competencias, o introduciendo muchos requisitos formales para restringir el acceso de los ciudadanos. O bien posteriormente, intentando diluir su influencia mediante el reconocimiento de muchas instituciones similares o mediante el nombramiento de varios titulares, haciendo de la oficina un órgano colegiado, burocratizado y desconocido.

Estos recelos también se dieron en España. Doctrinalmente se trataba de una figura contestada, inspirada en el *Provedor de Jutiçia* de Portugal, e indirectamente en los modelos tradicionales, pero va más allá. Fue configurado como un valioso instrumento de defensa del proceso democrático y de los derechos fundamentales.

En el momento de su creación existía un gran desconocimiento de la figura en la opinión pública y no merecía ningún respeto por parte de los operadores jurídicos. Todo hacía presagiar que, de reconocerse, sería una institución con competencias muy mermadas. Pero no fue así. Los constituyentes estaban enormemente sensibilizados por la necesidad de potenciar al máximo un sistema de garantías de todo orden, que protegiera el sistema democrático recién conquistado y sobre todo los derechos fundamentales que tanto había costado restaurar. En estas condiciones, no es extraño que se reconociera también la más novedosa, la última, desconocida, pero representante de los sistemas democráticos más desarrollados y que se incluyese en la Constitución con la voluntad de que fuera una institución de control general y poderosa, independiente, efectiva, que aumentara sus atribuciones más allá que cualquiera de los *ombudsman* tradicionales conocidos.

El modelo español dispone de todas las características esenciales que debe reunir un *ombudsman*. La Constitución española configura al Defensor del Pueblo como Alto Comisionado de las Cortes Generales para la defensa de los derechos comprendidos en su Título I, a cuyos efectos puede supervisar la actividad de todas las administraciones públicas. Dispone de un ámbito nacional de actuación, legitimación parlamentaria, independencia y garantías de inmovilidad e inmunidad, con amplios poderes de investigación y de actuación frente a las actuaciones irregulares de la Administración. Como en los modelos nórdicos, el control del Defensor del Pueblo se extiende, sin excepciones, a todas las administraciones públicas, pero sobre todo, y a diferencia de estos modelos, el artículo 54 de muestra norma fundamental señala como misión del Defensor la defensa de los derechos fundamentales y le otorga la legitimidad para recurrir en amparo e inconstitucionalidad ante el Tribunal Constitucional.

Ninguna Administración, ni sus funcionarios, ni las personas que actúen a su servicio, pueden oponer al Defensor del Pueblo excepción alguna a la función que desarrolla, debiendo contestar a las cuestiones planteadas, so pena de incurrir en delito de desobediencia. Puede solicitar a los poderes públicos todos los documentos que considere necesarios para el desarrollo de su labor, incluidos aquellos clasificados con el carácter de secretos de acuerdo con la ley.

Hasta cierto punto, los recelos iniciales estaban justificados, ya que se trataba de una institución desconocida, aunque se pudiera intuir su valor de oportunidad para salvar las distancias, el foso, entre lo formal y lo real. Una institución que, sin poder, condiciona y controla el poder democrático, dependiendo esta labor de control casi exclusivamente de la voluntad de su titular. Una institución muy poco teorizada y regulada, que se adopta de forma muy distinta en cada país, en cuanto a sus procedimientos, posibilidades y medios, aunque con un resultado siempre semejante respecto a su labor de garantía democrática. No hay nada más parecido a un *ombudsman* que otro *ombudsman*, pero no hay dos *ombudsman* iguales.

Como hemos señalado, existen *ombudsman* nacionales elegidos por el parlamento, en multitud de países como España, Argentina, Dinamarca, Polonia, Honduras, Irlanda, Lituania, Islandia, Nigeria, Perú, Sudáfrica, etc. Los hay que dependen del gobierno o de la Administración como en Argelia, Chipre, Gabón, Malta, Grecia, Francia, etc. Y en otros casos la designación es mixta, como es el caso de Haití. Mientras en algunos países su existencia está prevista en la Constitución del Estado, otros lo han reconocido por vía legal. El *ombudsman* constitucional se da en países como España, Suecia, Dinamarca, Finlandia, Portugal, Polonia y, prácticamente, todos los de América Latina.

Además de los *ombudsman* de ámbito nacional, con competencias de control respecto a todas las administraciones y poderes del Estado, como en España, Suecia, Argentina, Costa Rica, Colombia, Bolivia, Israel, etc., están los *ombudsman* municipales cuyo ámbito geográfico de actuación se limita a una ciudad y que son elegidos por los consejos municipales. En ocasiones gozan de independencia y amplias atribuciones para investigar las quejas de los ciudadanos del municipio en relación con las competencias de éste. El acceso a ellos es directo, sin intermediarios, y la base de su influencia se encuentra en los informes a los órganos legislativo local. Sin embargo, en muchos casos el *ombudsman* municipal se parece más a una oficina de reclamaciones que a una institución legítima de control.

También se dan los tipos más diversos de Defensores especializados, tanto de naturaleza pública como privada. Son figuras que en ocasiones conviven con los *ombudsman* con competencias generales y se encargan de supervisar un ámbito concreto de la actividad administrativa, sanidad, ejército, medios de comunicación, vivienda, minorías étnicas, consumidores, empresariales, universitario, etc., que cumplen eficazmente con su función, aunque en la mayoría de ocasiones son gestores o amigables componedores en conflictos internacionales privados y donde poco o nada tiene que ver el interés público. En estos casos, se parecen más a oficinas de reclamaciones, sin duda necesarias pero alejadas de la naturaleza que define al *ombudsman*.

En ocasiones el *ombudsman* restringe su ámbito de actuación a un sector social específico, como menores, ancianos, extranjeros. Ejemplos los tenemos en Suecia, Hungría, España, Noruega, Dinamarca, Finlandia, Reino Unido, Canadá, etc. Pueden reunir los requisitos y las características propias de los *ombudsman* «generalistas». Las formas de elección son variadas, así como sus atribuciones, y cumplen funciones importantes de denuncia y defensa de los derechos e intereses legítimos de los sectores sociales más vulnerables, aunque la buena coordinación con el *ombudsman* general a veces resulte complicada.

En España hay que destacar la labor desempeñada por el Defensor del Menor de la Comunidad de Madrid, que ha favorecido una especial sensibilización hacia los problemas de los menores, labor reconocida muy favorablemente más allá de su ámbito territorial específico. En realidad, se trata de la única figura de este tipo regulada actualmente en España, aunque se estudia ya la posibilidad de crear instituciones análogas en otras comunidades autónomas[8].

Por otro lado, en los Estados que disponen de una estructura políticamente descentralizada, casi siempre se reconocen los denominados *ombudsman* regionales o estatales. Estos son Defensores nombrados o elegidos por los órganos encargados de gestionar la autonomía. En estos casos también

[8] Es precisamente debido al carácter sectorial y específico de la labor del Defensor del Menor de la Comunidad de Madrid por lo que su regulación no ha sido tomada en cuenta, de la misma manera que la de los comisionados parlamentarios autonómicos generalistas y con el mismo detalle, para la elaboración de los apartados de «estudio comparado» incluidos en el presente trabajo.

se dan los más diversos sistemas de elección y ámbitos competenciales, como en Argentina, México, Italia etc.

Es el caso también de los comisionados parlamentarios autonómicos en España. Podría pensarse que los conflictos entre éstos y el Defensor del Pueblo debieran ser habituales, pero no es así. Resulta difícil hablar de conflictos cuando no existe poderes que confluyan con su capacidad de hacer, lo más que puede producirse entre los *ombudsman* españoles son duplicidades en la tramitación de los expedientes, es decir, que una misma queja se presente y se tramite al mismo tiempo por las dos instituciones de garantía. Ello en principio no tiene por qué provocar un conflicto, aunque la tramitación sea diferente o incluso contradictoria. Lo máximo a lo que puede dar lugar tal discrepancia es a la formulación de sugerencias o recomendaciones con contenidos diferentes y ello, jurídicamente, no tiene ninguna trascendencia.

No obstante, para evitar estas duplicidades, que resultan no deseadas e innecesarias, además de formalmente incorrectas, coordinar el trabajo y buscar mayor efectividad, suelen acordarse unos convenios de colaboración entre los Defensores de cada una de las Comunidades Autónomas y el Defensor del Pueblo y organizarse unas reuniones de coordinación, al menos una vez al año, para unificar posturas frente a los temas comunes. Debo decir que la cordialidad y la unidad de criterios han presidido las reuniones anuales de los *ombudsman* españoles a las que he asistido, que han sido muchas. Tengo un recuerdo imborrable sobre todo por lo que aprendí de tan destacadas personalidades, como Antón Cañellas, Sindic de Greuges de Catalunya y maestro en estas lides, Manuel García Álvarez, Procurador del Común de Castilla y León, que tanto está contribuyendo a prestigiar la institución dentro fuera de nuestro país, José Cora o José Chamizo, ejemplos para todos de independencia, dedicación y acierto.

Ahora bien, ¿Cuál es su futuro? Desde luego que esta proliferación del *ombudsman* en el mundo, de una forma un tanto desordenada y jurídicamente imprecisa, no siempre resulta beneficiosa y, de hecho, puede conducir a la desnaturalización. Es necesario, por tanto, establecer unos requisitos o parámetros mínimos, necesarios e imprescindibles, para poder incluir a una determinada institución de garantía en la categoría estricta de Defensor del Pueblo u *ombudsman*. Entre estos elementos característicos cabría incluir los siguientes:

1. Debe ser elegido por el poder legislativo, por una mayoría cualificada de votos que garanticen su independencia frente a los grupos políticos y fomente el consenso.
2. Debe regularse en la Constitución del Estado democrático, para disponer así de la legitimidad necesaria para poder controlar a todas las administraciones.
3. Sus funciones deben incluir la defensa de los derechos fundamentales y las estructuras democráticas, además del control de las administraciones públicas.
4. Debe disponer de amplias posibilidades de investigación.
5. Debe disponer de un presupuesto autónomo, consolidado y suficiente.
6. Debe atribuírsele una serie de prerrogativas de inmunidad, inviolabilidad y fuero propio que le protejan frente presiones e intromisiones de terceros.
7. Debe responder de su trabajo periódicamente y de una forma ágil y sencilla ante el Parlamento y, en su caso, ante la jurisdicción.
8. Debe ser un organo unipersonal, para facilitar su conocimiento y comunicación con la ciudadanía.
9. Debe reunir las características de independencia, accesibilidad, flexibilidad y credibilidad.

Para unos estos requisitos serán demasiados, para otros demasiados pocos. Sin caer en el perfeccionismo, creo que estos elementos fundamentan la imparcialidad e independencia, pueden resultar suficientes para garantizar que este tipo de institución de garantía pueda cumplir no sólo con las expectativas sociales que siempre levanta su creación, sino con los objetivos y finalidades que el ordenamiento le encomienda y, en mayor medida, pueden resultar útiles para descubrir y denunciar el uso abusivo del prestigio de una institución para finalidades contrarias.

Lo realmente sorprendente es que, en menos de un siglo, el *ombudsman* ha pasado de ser una figura nórdica casi desconocida, «exótica», a disponer de un cierto protagonismo. Incluso hoy es uno de los parámetros que utilizan los organismos internacionales para medir el desarrollo democrático de los países y condicionar las ayudas económicas al desarrollo. Esta popularidad está sorprendiendo a todos. En ocasiones parece que necesitamos algo nuevo sin saber muy bien por qué y para qué. Lo que resulta ya evidente es la insuficiencia de las garantías tradicionales, demasiado rígidas para enfrentarse con éxito a los grandes retos globales y quiza el principal es la trivialización de los Derechos Humanos y de sus garantías y entre ellas el propio *ombudsman*, es decir, el uso abusivo superficial de estos para legitimar las peores opciones políticas, o su banalización al instrumentalizarlos con el objetivo de hacer «luz de gas» sobre los problemas sociales.

Pues bien, para realizar esta tarea de denuncia, el Defensor, dada su naturaleza flexible que le permite saltarse las fronteras, puede resulta eficaz y útil para descubrir y denunciar ante los organismos internacionales a los sistemas formalmente democráticos y a aquellos que se sostienen sobre regímenes totalitarios y las termitas de los viejos regímenes.

También en los sistemas democráticos consolidados el *ombudsman* puede resultar muy útil para denunciar una práctica que corre el riesgo de extenderse, práctica que consiste en negar la evidencia, en hacer luz de gas con los problemas sociales, en negar lo obvio a base de desfigurarlo y cubrirlo y distraerlo con la mentira revestida de legalidad. El Defensor, con su autoridad, independencia y flexibilidad, puede contribuir, en gran medida, junto a las demás instituciones de garantía, a destapar la verdad, a denunciar esas trampas legales y a lograr un mínimo común acuerdo y una mínima aceptación de la realidad palpable, sobre todo por parte de los que nos gobiernan.

En la labor de divulgación de los principios y valores constitucionales, de educación y formación en la cultura democrática, también puede contribuir la proximidad, flexibilidad y, sobre todo, autoridad del *ombudsman*, denunciando las actuaciones rígidas e intolerantes de las administraciones, ya que sus actuaciones no solamente están basadas en la legalidad, sino también en la oportunidad, efectividad e incluso conveniencia.[9]

Madrid, octubre de 2018

Antonio Rovira
Catedrático de derecho Constitucional. UAM

[9] Matilde Gurrera, «Veinticinco años de paridad política hombre-mujer», *Revista de Estudios Políticos*, 2004-2005.

Este libro se terminó de imprimir
en los talleres de Servicios Gráficos Kenaf, S.L.
en el mes de abril de 2019